KB248272

서울시 역세권 재개발 최강투자

서울시 역세권 재개발 최강투자

초판 1쇄 인쇄 2025년 12월 24일
초판 1쇄 발행 2026년 1월 2일

지은이 · 전영진
발행인 · 강혜진
발행처 · 진서원
등록 · 제 2012-000384호 2012년 12월 4일
주소 · (03938) 서울시 마포구 동교로 44-3 진서원빌딩 3층
대표전화 · (02) 3143-6353 | **팩스** · (02) 3143-6354
홈페이지 · www.jinswon.co.kr | **이메일** · service@jinswon.co.kr

책임편집 · 안혜희 | **마케팅** · 강성우, 박준희 | **경영지원** · 지경진
표지 및 내지 디자인 · 디박스 | **인쇄** · 보광문화사

ISBN 979-11-93732-29-8 13320
진서원 도서번호 25009
값 28,000원

소액으로 서울땅 선점해서 아파트 좀 살아보자!

전영진 지음

진원

· 소액 투자자에게 남은 유일한 해법 ·
"서울시 역세권 재개발을 선점해라!"

재개발 투자는 언제나 핫합니다. 재개발 투자금액이 재건축 투자에 비해 상대적으로 적지만, 시간이 지나 시세 차익이 크게 올라간 경험을 우리는 직·간접적으로 자주 목격하기 때문입니다.

한남3 재정비촉진구역 재개발이 그랬고 성수 전략정비구역이 그랬습니다. 불과 20년 전에 3억 원 하던 빌라였지만, 지금은 20억 원 전후, 30억 원 전후 하고 있습니다. 20년 전 3억 원 하던 빌라였을 당시 전세가 보통 2억 원에서 2억 5,000만 원 정도였으니 실제 에쿼티* 기준으로만 본다면 수익률은 상당합니다. 그야말로 '벼락부자의 사다리'였다고 해도 과언이 아닙니다.

---

* **에쿼티(Equity)** : 부동산을 당장 팔아 모든 부채를 갚았을 때 소유주에게 남게 될 금액, 즉 자기 자본을 의미합니다.

잠시 상상해 봅시다

20년 전, 3억 원을 투자해 낡은 성수동 빌라를 샀습니다. 월세와 전세를 놓아 실제로 들어간 돈은 5,000만 원 남짓. 이 5,000만 원의 씨앗이 시간이 흐른 후 한강뷰 30평대 새 아파트 입주권이라는 열매로 변했습니다. 이것은 단순한 시세 차익을 넘어 서울의 핵심 입지에서 주거의 질까지 완전히 바꿔버린 기적이라고 할 수 있어요. 그리고 이것이 바로 재개발이 가진 폭발적인 잠재력입니다.

문제는 그 반대의 사례도 종종 들린다는 점입니다. 아파트 배정에서 제외되는 '물딱지'가 거래된다는 둥, 추가 부담금이 많아서 조합원들이 난리가 났다는 둥 무서운 이야기도 종종 들리다 보니 막상 재개발 투자가 겁나는 것도 사실입니다.

최악의 시나리오도 생각해야 합니다

내가 산 빌라가 기준일 이후에 지어진 신축이거나, 낡은 건물을 기준일 이후에 너무 늦게 사서 '물딱지'가 되는 게 가장 최악의 경우입니다. 이것은 곧 새 아파트 입주권은 받지도 못하고 단지 현금청산 대상이 되어 몇 년간 묶여있었던 원금의 반을 되돌려받는 것을 의미합니다. 또는 사업이 장기간 지연되거나 건설 원가 급등으로 예상치 못한 수억 원의 추가 부담금 폭탄을 맞고 결국 재개발 투자에 실패하는 사례도 있습니다.

"혹시 내가 산 빌라가 물딱지가 되는 건 아닐까?"
"성공한 사람들의 이야기는 너무 특별한 경우 아닐까?"
"복잡한 법규와 긴 사업 기간 때문에 시간만 날리는 건 아닐까?"
"재개발 추진이 가능한 지역에 산 건 맞을까?"

이런 불안감은 당연합니다. 재개발 투자는 분명 사업이고 모든 사업에는 리스크가 따르기 때문입니다. 하지만 동시에 이렇게 복잡하고 어려운 과정 속에 바로 기회가 숨어있습니다.

재개발 투자를 '복권'이 아닌 '과학'으로 만들 수 있을까요?

이 책은 바로 이러한 질문에서 출발했습니다. 저는 막연한 기대나 묻지마 투자가 아닌, 철저한 분석과 단계별 접근법을 통해 재개발 투자의 성공 확률을 극대화하는 방법을 일반인의 눈높이에서 쉽고 재미있게 풀어내려고 합니다.

물론 재개발 사업은 변수가 많고 10년 이상 긴 호흡으로 가야 할 때도 있습니다. 마치 흙 속의 진주를 찾아내고 그것이 영롱한 보석으로 다듬어질 때까지 기다리는 과정과 같습니다. 하지만 이 과정을 미리 알고 위험 요소를 피해 성공의 루트를 선점할 수 있다면 어떨까요?

이 책을 통해 여러분은 재개발 투자의 A부터 Z까지, 즉 구역 선정부터 매매 타이밍, 그리고 가장 중요하고 무서운 '물딱지'와 추가 부담금 폭탄을 피하는 필승 전략을 명쾌하게 이해하게 될 것입니다.

우리는 이제 더 이상 남의 성공 사례만 부러워하지 않을 것입니다. 소액으로도 내 집 마련과 자산 증식이라는 2마리 토끼를 잡을 수 있는 유일한 해법, 재개발 선점의 노하우를 지금부터 함께 파헤쳐 봅시다. 복잡한 용어는 쉽고 재미있는 비유로, 어려운 법규는 핵심만 쏙 뽑아 여러분의 손에 쥐여드리겠습니다.

준비되셨나요? 당신의 '억' 소리 나는 미래 지도를 이제 펼쳐 보겠습니다.

전영진

목
차

| 준비마당 |

서울시 역세권 재개발 기본기
(ft. 실패를 줄이는 안전 공식)

---

01 서울시 모든 역세권은 재개발이 가능하다?   28
(ft. 우리 동네도 혹시 …)

최고의 가치창조시스템 – 서울과 수도권 전철   28
역세권의 가치 ❶ 태생부터 최상인 '입지'   29
역세권의 가치 ❷ 공간 마법을 부리는 압도적인 '사업성'   30
역세권의 가치 ❸ 정책 지원을 받는 빠른 '사업 속도'   31

02 서울시 역세권 재개발, 왜 이렇게 쉽고 빨라졌나?   32
(ft. 1. 반값 동의, 2. 사업 기간 축소, 3. 규제 완화)

서울시 정책 변화와 주민들의 기대감   32
1. 반값 동의 – 구역 지정 문턱 낮추기   33
   낮아진 재개발 구역 지정 입안 동의율   33
2. 사업 기간 축소 – 패스트트랙 제공   34
   '신속통합기획'으로 사업 기간이 절반으로 크게 감소한 '일반 재개발'   34
3. 규제 완화 – 땅의 가치 끌어올리기   36
   용적률 상향과 역세권의 범위 확장   36
'우리도 할 수 있다'는 확신이 가장 큰 동력!   37
   tip 서울시가 지원하는 재개발 정책 수단 3가지   38
   (ft. 신속통합기획, 모아타운 및 모아주택, 역세권 재개발)

03 역세권 재개발, 어떻게 규제의 선을 넘었나?　40
　　（ft. 용도지역과 용적률）

용도지역 – 땅을 나누고 적절한 이름표 붙이기　40
용도지구 – 용도지역에 붙인 특별한 규칙(규제)　40
용도지역에 따라 달라지는 용적률 – 역세권은 상향 추세　42
규제의 종류 – 법적 상한(국가 법령) vs. 조례 상한(지자체 조례)　43
역세권 재개발의 매력 – 법령과 조례 상한선이 뚫린다　44

04 역세권 어디에 있는 물건을 사야 아파트를 받을까?　45
　　（ft. 역세권 거리 재기）

알쏭달쏭 역세권? 투자에 주의할 것!　45
역세권 거리 재기 ❶ 역 중심 '점'에서 동심원 그리기　46
역세권 거리 재기 ❷ 개찰구 '입구'에서 동심원 그리기　47
역세권 거리 재기 ❸ '역사 모양' 그대로 그리기! 동심원 No!(서울시 통용)　47
　　　tip 예정역은 역세권이 아니다? '확정'이 중요!　50

05 역세권 재개발 사업 4가지 살펴보기　51
　　（ft. '역세권 장기전세', '역세권 활성화', '역세권 소규모 재개발',
　　'도심복합사업'）

1. 재개발 사업별 특징 – 4명의 건축가가 집을 짓는다고 가정한다면?　51
2. 역세권 재개발 사업의 땅 크기 비교　52
　　❶ 역세권 장기전세　53
　　❷ 역세권 활성화　53
　　❸ 역세권 소규모 재개발　53
　　❹ 도심복합사업　53
3. 역세권 재개발 사업이 가능한 역과의 거리는?　54
4. 역세권 재개발 사업의 동의율 비교　55
　　❶ 역세권 장기전세, ❷ 역세권 활성화　55
　　❸ 역세권 소규모 재개발　56
　　❹ 도심복합사업　56
5. 역세권 재개발 사업의 속도 비교　57
　　❶ 역세권 장기전세, ❷ 역세권 활성화　57

❸ 역세권 소규모 재개발 57

❹ 도심복합사업 57

6. ・추천・ 조합원 니즈에 따라 달라지는 역세권 개발 방식 58

tip 잠깐! 유튜브 전문가의 신축 빌라 추천을 경계하는 이유 59

06 꽁꽁 숨어있는 역세권 재개발 특급 정보 찾기 62

[손품 1단계] 정부 공식 사이트에서 '운영 기준' 찾기 62

[손품 2단계] 개별 사업장의 정보 찾기 64

07 재개발 가능성 핵심 지표 — '노후도' 손품 팔기 65
(ft. K-GeoP, 서울도시공간포털, S-MAP)

눈으로 직접 '노후도'를 확인하는 사이트 3곳 65

❶ K-GeoP(kgeop.go.kr) – 이미 지정된 재개발 정보 확인 66

❷ 서울도시공간포털(urban.seoul.go.kr) – 겹지정 여부 확인 67

❸ S-MAP(smap.seoul.go.kr) 69

– 드론 영상처럼 현재 서울시의 공간 이용 상황 확인

노후도 손품 사이트 활용 시 주의 사항 – 발품 필수! 70

08 좋은 물건을 고르는 안목 ❶ 총투자금액 계산하기 71

재개발 투자자라면 '현재 가치'보다 '미래 가치'가 최우선! 71

'미래 가치'는 어떻게 판단할까? – '총투자금액' 계산 훈련 필요 72

❶ 총투자금액 72

❷ 초기 투자금액 73

❸ 추가 부담금 73

09 재개발 투자, 총투자금액을 미리 계산해 보자 75

1. 우선, 지역(구역) 분석이 먼저! 76

2. 총투자금액과 초기 투자금액 비교 분석 77

3. 총부담금 계산과 프리미엄 예상 분석 77

tip 재개발 투자 전, 필수 질문 3가지 80

10 좋은 물건을 고르는 안목 ❷ 초기 투자금은 적게! 81
추가 부담금은 늦게!

평당 단가가 싸다고 다 좋을까? 81

소형 물건일수록 평당 단가가 비싼 이유   82

용적률 높고, 조합원 적고, 권리 확보되는 소형 물건이 최고!   85

11   좋은 물건을 고르는 안목 ❸ '물딱지' 거르기   86

조합원이 새 아파트를 받는 것은 '자격'인가, '대상'인가?   86

역사를 알면 재개발이 보인다 − 환지＝관리처분?   87

결국 '분양 자격'보다 '분양 대상'이 중요한 이유   88

재개발 vs. 재건축 조합원 기준의 결정적인 차이   89

재개발 물건 구입 전에 확인할 서류 − 등기부등본 vs. 건축물대장   90

물딱지를 가르는 관리처분계획 기준일/관리산정 기준일   91

tip 조합설립인가 이후 '다물건' 매수 금지!   92

12   300개 넘는 서울시 역세권 중 재개발 가능성을 예측한다면?   94
(ft. 재개발 이익 관계 피라미드)

재개발 투자, 로또가 아닌 과학이 되려면?   94

재개발 투자 유형 ❶ 시세 차익 투자   95

재개발 투자 유형 ❷ 가치 창출 투자   95

재개발 이익 관계 피라미드와 돈의 흐름   97

   ❶ 최최상위층 − 토지 등 소유자/조합원   98

   ❷ 최상위층 − 신탁사 등   99

   ❸ 상위층 − 정비사업 전문 관리업체   99

   ❹ 중간층 − 신축업자, 정보 중개자(유튜버, 중개업자)   101

재개발 사업의 상위층 동향을 파악해야 큰돈을 번다!   102

(ft. 서울시 등 정책 당국, 정비사업 전문 관리업체, 신탁사, 조합)

   가치 창출의 원천 인식   102

   피라미드 상층부 해독   103

   리스크의 정량화   103

13   왕초보를 위한 '역세권 재개발' 투자 체크리스트   105

사업별로 법령이 다르다는 것을 인지하자   105

'역세권 재개발' 투자 체크리스트 5가지   106

   ❶ 사업의 주체와 시작 권한 − 누가 사업을 주도하는가?   107

   ❷ 사업 속도와 자금 확보 − 돈은 어디서 오는가?   108

❸ 분양 자격과 권리 확보 – 내 집은 안전한가?　108
❹ 사업 안정성과 위험성 – 사업이 멈출 위험이 있는가?　109
❺ 개발 이익과 특혜 – 얼마나 더 받을 수 있는가?　109

| 첫째마당 |

'역세권 장기전세' 실전 투자 사례
(ft. 신대방역 신대방동 600번지 일대)

01　'역세권장기전세'로 가면 1,500억이 남는다고?　112
(ft. '일반 재개발' 대비 시뮬레이션)

수치로 확 와닿게 비교해 보자 – 조합원 부담금　112
'일반 재개발' 조합원 부담금 – 총 500억 원 추가 예상　113
'역세권장기전세' 조합원 부담금 – 총 1,000억 원 이득(환급 예상)　114
'일반 재개발' vs. '역세권 장기전세' 수익성 비교 요약　115

02　'역세권 재개발'은 모두 명품! 하지만 짝퉁도 주의!　118
법적 허점을 노리는 기회주의자들　118
'추진위'와 '추준위'를 구별할 것!　119
짝퉁 재개발을 홍보하는 유튜브 채널을 조심하자　119
가짜가 판을 친다는 것 = '명품'이라는 증거!　120

03　'역세권 재개발' 대상지, 나도 찾아볼까?　122
서울시 기준에 맞춰 보물찾기 시작!　122
대상지 조건 ❶ 1차 역세권에서만 또는 2차 역세권에서만 각각 점유할 것　123
대상지 조건 ❷ 재개발 가능한 용도지역이어야 할 것　124
대상지 조건 ❸ 규모와 노후도를 충족할 것　125
용적률 상향이 적용된 대상지 여부가 중요　126
　tip 역세권이어도 '역세권 재개발' 사업에서 제외되는 땅은?　126

04 '역세권 장기전세' 용적률을 확 끌어올리는 마법의 비밀   **127**
(ft. 1차 역세권 준주거지역)

1차 역세권 준주거지역 – 용적률 최대 700%까지 가능   **127**

용적률 보너스를 받는 비밀 ❶ 공공기여   **128**

용적률 보너스를 받는 비밀 ❷ 착한 건축   **129**

용적률 보너스를 받는 비밀 ❸ 그 밖의 조건   **129**

tip 준공업지역에서도 용적률 300% 상향 가능   **130**

05 동작구의 변신! '신대방역 역세권 장기전세' 프로젝트   **131**

초역세권이어서 고밀도 개발 가능!   **131**

'역세권 시프트'에서 '역세권 장기전세'로 이어진 현장

'일반 재개발'을 버리고 '역세권 장기전세'로 갈아탄 이유   **133**

오랜 난항을 딛고 랜드마크 공식 선언   **134**

투자 주의! 권리산정 기준일이 지나면 현금청산!   **135**

06 신대방역에서 대림삼거리역까지!   **136**
주변으로 번져가는 역세권 재개발

우리 집 옆에 신축 아파트가 들어선다면?   **136**

동작구 행정력이 돋보인 '역세권 장기전세' 사업장   **137**

옆 동네가 재개발될 때 우리 동네도 살펴봐야 하는 이유   **139**

07 서울역 뒷골목 낡은 서부의 반격!   **141**
— '청파동 역세권 장기전세' 사업

서울 부동산의 히든카드 – 서울역 인근   **141**

'청파동 역세권 장기전세주택' 사업 – 용산구 청파동1가 46번지 일대   **142**

서울시와의 달콤한 거래 – "높게 지어라! 대신 …"   **143**

그래도 투자자가 조심해야 할 지뢰밭!   **144**

08 마포 역세권(도화동, 공덕동) 개발,   **146**
지금 무슨 일이 벌어지고 있나?

마포 역세권 – 명품으로 가기 위해 삐뚤빼뚤 재개발 진행 중!   **146**

마포 역세권의 뜨거운 쟁점 – 노후도 논란과 구역 경계 싸움   **147**

tip 역세권 인근 '정비계획안'이 통과된 지역은 어디?   **149**

| 둘째마당 |

'역세권 활성화' 실전 투자 사례
(ft. 남영역 & 신대방역 사례)

01 실입주자에게 더 매력적인 '역세권 활성화' ... 152

'역세권 활성화' = 우리 동네 살리기 프로젝트! ... 152

아파트 짓기는 기본, 도시 재창조가 최종 목적

02 '역세권 활성화', 짝퉁 구역이 많은 이유 ... 154

너무나 매력적이어서 짝퉁이 많다! ... 154

빌라 쪼개기로 악용되는 '역세권 활성화' ... 154

사례 조건 미달 지역의 주민설명회 현장 ... 155

사업 주체의 전문성 부족으로 잘못 그려온 구역계 ... 156

사적 이익을 위해 허위 기대감 조성 ... 157

03 '역세권 활성화' 대상지 선정 기준 4가지 ... 158

우선 눈으로 확인! 지하철역 주변이 낡고 저층 위주라면? ... 158

기준 1 입지 조건 − 역에서 걸으면 몇 분 거리? ... 158

기준 2 용도 및 규모 조건 − 어떤 땅? 얼마나 넓어야 하나? ... 159

기준 3 도로 조건 − 접근성 용이 ... 160

기준 4 제외 조건 − 겹지정지역이나 보존지역은 제외! ... 161

tip 사업 조건에 안 맞는 가로 구역의 구제 사례는? ... 163

04 '역세권 활성화' 용적률 상향 체계 ... 164

도시를 쑥쑥 키우는 마법 3단계 ... 164

1단계 내 땅의 위치와 잠재력 확인하기 − 용도지역 상향 ... 165

2단계 레벨업의 대가 지불하기 − 용적률과 공공기여 ... 166

3단계 추가 보너스를 얻으려면? − 용적률 완화 인센티브 ... 167

05 '역세권 활성화' 투기 방지 장치 − 기준일과 행위 제한 ... 169

'일반 재개발' 기준일은? 권리산정 기준일 ... 169

'역세권 활성화' 기준일은? 대상지 선정 통보일

사과상자(사업 대상자), 사과(토지나 건물), 황금사과(입주권)의 관계와 기준일 · · · · · · 170

재개발 종류마다 기준일이 모호하다? · · · · · · 171

추가 투기 방지 대책 ─ 행위 제한 · · · · · · 171

내 물건의 기준일은 이렇게 확인해라 · · · · · · 172

권리 변경을 위한 시점 관리의 중요성 · · · · · · 174

tip 기준일 전 전격 토지 분할로 8억 원을 번 이야기 · · · · · · 175

| 셋째마당 |

'역세권 소규모 재개발' 실전 투자 사례
(ft. 숙대입구역 청파동3가)

01 '역세권 소규모 재개발' 대상지 ─ 역세권 또는 준공업지역 · · · · · · 178

'역세권 소규모 재개발'='소규모 재개발'은 같은 말! · · · · · · 178

'역세권 소규모 재개발' 대상지의 충족 조건 · · · · · · 179

tip 역세권 350m 사업 대상지를 지정할 때의 절차 · · · · · · 180

02 '역세권 소규모 재개발'의 시작 ─ 주민동의서 받기 · · · · · · 181

사업 초기에는 철통보안 필수! · · · · · · 181

주민동의서를 받기 위한 9단계 과정(ft. 정비사업 전문 관리자 입장) · · · · · · 182

재개발 핵심 주체는 오히려 지역 공개를 꺼린다 · · · · · · 185

03 청파동3가 '역세권 소규모 재개발' 성공 요인 · · · · · · 187

숙대입구역 입지가 '역세권 소규모 재개발' 조건 충족! · · · · · · 188

사업성 극대화 ❶ 사업 기간 단축(5년 후 입주 목표) · · · · · · 189

사업성 극대화 ❷ 용도지역 상향 · · · · · · 189

04 청파동3가 용도지역 상향으로 29층 건축물 구상하기 · · · · · · 191

용적률 466.77%, 지하 4층~지상 29층 건축 가능 · · · · · · 191

조합원 수 50여 명, 224세대! 환상적인 사업성 · · · · · · 192

05 청파동3가 조합원이 받을 예상 수익은?(ft. 비례율과 프리미엄)194

약 174세대 추가 예상, 조합원 부담금 최소　194

조합원 수익 계산을 위한 지표 – 비례율　194

조합원 수익을 높이는 혜택 – 분양가 할인, 동호수 우선 선택　195

조합원 물건 10억 원짜리가 5년 후 25억 원?　196

06 재개발 로열평, 로열층 선점 필승 전략　198

나는 몇 평을 받을까? – 권리가액과 '가장 인접한' 분양가액에 배정　198

대형 평형을 배정받으려면? – '50% 룰'과 서울시의 혁신　199

최악의 상황은 현금청산 – 조합원이 많거나, 권리가액이 낮거나　200

재개발 로열층 배정 순서 3단계　200

현금청산 물건 확인 지표 3가지 – 조합원 수, 공시가 순위, 커트라인　201

tip 재개발 및 재건축 '1 + 1 분양'은 뭐지?　203

07 청파동3가 '역세권 소규모 재개발' 5년 후 입주 일정표　205

구역 지정 없이 조합설립 시작! 2030년 입주 목표!　205

'역세권 소규모 재개발'은 조합원이 주인!　207

tip 재개발 시장의 현재 이슈와 법적 동향　208

| 넷째마당 |

'도심복합사업' 실전 투자 사례

(ft. 효창공원역 (공공)도심복합사업)

01 '도심복합사업'은 누가 주도하느냐의 차이!(ft. 공공 vs. 민간) 212

땅을 내줄 주민들이 있을까?　212

(공공)도심복합사업 – 국토부 리더십(공무원 팀장님 스타일)　213

(민간)도심복합사업 – 창의적인 전문가(프로젝트 매니저 스타일)　214

기대와 우려 속 용산 효창공원역 현장 사례　215

02   '(민간)도심복합사업' 대상지 선정은 논의 중!   217

조례 제정이 진행 중인 대상지 선정 기준   217

1. 성장 거점형 대상지 후보 – 조건에 적합한 곳 희소   218

2. 주거 중심형 대상지 후보 – 투자자 관심 집중   218

03   '(공공)도심복합사업'으로 아파트를 받으려면?   220

조건에 따라 확확 달라지는 권리산정 기준일   220

아파트를 주는 기준 ❶ 일반 재개발(도정법) 및 소규모 재개발   221

아파트를 주는 기준 ❷ (공공)도심복합사업   222

주의! 공공 재개발은 기준일이 지난 물건을 사면 현금청산!   222

그래도 '꾼'들은 왜 이런 물건을 살까?   223

04   좋은 지역, 좋은 물건을 찾고 상담도 잘하는 법   226

유튜브 속 전문가, 진짜 '의사'일까, '약장수'일까?   226

상담일까, 세일즈일까? – 맛집 사장님 vs. 맛 칼럼니스트   228

'물건'을 파는 사람에게 '미래'를 묻지 마라   229

호랑이굴에 들어가도 정신만 바짝 차리면 된다!   230

기초 체력을 다지는 기본 지식 3가지

❶ 노후도   230

❷ 동의율의 진실   231

❸ 권리산정 기준일   231

진짜 고수를 찾아 제대로 질문하는 방법   231

| 부록 |

'일반 재개발' vs. '역세권 재개발' 비교하기

01 '일반 재개발' 정비사업 5단계 살펴보기(ft. 전국구 적용) **236**

1단계. 기본 계획 수립 및 정비구역 지정 **236**

2단계. 조합설립 **237**

3단계. 사업시행계획인가 **237**

4단계. 분양 신청 및 관리처분계획인가 **237**

5단계. 착공 및 준공/이전 고시 완료 **237**

02 '추가 부담금'이 결정되는 '관리처분인가' 주목하기 **239**
(ft. '일반 재개발' vs. '역세권 재개발' 공통)

미래 계획을 확정하는 '관리처분인가' **239**

속 내용을 살펴보면 '관리처분인가'는 예정, '이전 고시'는 확정 **239**

'관리처분인가' 과정에서 할 일 ❶ 종전 자산평가(감정평가) **240**

'관리처분인가' 과정에서 할 일 ❷ 비례율 계산 **240**

'관리처분인가' 과정에서 할 일 ❸ 추가 부담금 계산 **241**

같은 사업구역 안에 있는 물건으로 비교할 것 **241**

추가 부담금이 적을수록 좋은 물건

03 알아두면 좋은 '권리가액'의 진실 **243**
(ft. '일반 재개발' vs. '역세권 재개발' 공통)

'권리가액=감정가×비례율' 공식은 왜 틀렸을까? **243**

'권리가액'보다 '분양 기준가액'이 법률적으로 더 정확한 말 **244**

법률적 정의가 중요한 이유 – 분양 자격 심사 때문! **244**

아파트를 분양받기 위한 황금 기준 3가지 **245**

[기준 1] 주택 보유 **245**

[기준 2] 최소 면적 충족 **245**

[기준 3] 권리가액 충족 **245**

04 아파트를 받을 수 있는 무허가주택(ft. '일반 재개발') **246**

다가구/단독주택의 '쪼개기' 규제 **247**

05 **알아두면 수억 원 아낀다! 프리미엄(P) 계산법** **248**
      (ft. '일반 재개발' vs. '역세권 재개발' 공통)

    프리미엄(P)은 웃돈! 거품인지 파악하려면? **248**
        1단계. 총투자원금(조합원 종전 감정평가총액) 추정하기 **249**
        2단계. 총매출(새 아파트 분양 수익) 추정하기 **249**
        3단계. 총비용(공사비 등) 추정하기 **249**
        4단계. 투자 물건 권리가액 추정하기 **249**

06 **'역세권 장기전세'와 '역세권 활성화', 주민이 제안해야 시작!** **251**
      (ft. 주민 입안 제안 절차 4단계)

    '역세권 장기전세'와 '역세권 활성화' 주민 입안 제안 4단계 **251**
        1단계. 제안 준비 **251**
        2단계. 입안 제안 및 검토 **252**
        3단계. 계획 결정 및 고시 **252**
        4단계. 후속 절차 진행 **252**

07 **'역세권 소규모 재개발', 조합설립부터 시작!** **253**

    '일반 재개발'보다 빠른 '역세권 소규모 재개발' 사업 프로젝트 **253**
    1단계. 사업시행계획 수립 및 인가 **253**
    1-1단계. 분양 및 관리처분계획 수립 및 인가(사업시행인가와 함께 진행) **254**
    2단계. 착공 및 이전 고시 완료 **255**

08 **'(공공)도심복합사업', 조합설립 안 하고 진행!** **256**

    정부와 함께하는 초스피드 도심 주택 공급 프로젝트 **256**
    물딱지 기준 엄격 – 투자 주의!
    주요 주민 입안 제안 절차(서울시 기준) **256**
        1단계. 후보지 발굴 및 주민 동의 **257**
        2단계. 후보지 선정 및 예정지구 지정 **257**
        3단계. 사업 확정 및 지구 지정 **257**
        4단계. 후속 절차 **257**

09 **'(민간)도심복합사업'은 주민의 주도성 강화** **259**
      (ft. '도심복합사업'의 또 다른 버전)

    '(민간)도심복합사업' 8단계 절차 살펴보기 **259**
    사업 시작 – '어디를 바꿀까?' 결정하는 단계(1~3단계) **260**
        1단계. 아이디어 제안 및 사전 검토하기 **260**
        2단계. '예정지구' 지정하고 묶기 **260**
        3단계. 주민 동의받고 최종 구역 확정하기 **260**

사업 실행 – '어떻게 지을까?' 설계하고 보상하는 단계(4~8단계) **260**
    4단계. 통합개발계획 세우기 **260**
    5단계. 사업계획 최종 승인하기 **260**
    6단계. 부지 확보 및 보상 **261**
    7단계. 분양 및 관리처분하기 **261**
    8단계. 착공 및 입주(완료) **261**

10   **투기과열지구 지정 시 재개발 및 재건축 주요 제한 사항** **263**
       (ft. 10·15 부동산 대책)

서울시 전 지역, 투기과열지구가 되다 **263**
'일반 재개발' 조합원 지위 양도 제한(거래 금지) – 현금청산 **263**
'일반 재개발' 사업에서 조합원 지위 양도 허용 사유(제한적 양도 가능) **264**
'일반 재개발' 정비사업 분양 재당첨 금지(5년 제한) **264**
'일반 재개발' 투기과열지구에서의 기타 제한 사항 **264**
대출과 분양가상한제 적용
'소규모 정비사업' 투기과열지구 지정 시 제한 사항 **265**
'일반 재개발'과 비슷하게 적용, 분양 재당첨 금지(5년 제한) 규정은 적용 ✕
'소규모 정비사업'도 조합원 지위 양도 제한(입주권 거래 제한) **266**
'소규모 정비사업'에서 조합원 지위 양도 허용 사유(제한적으로 양도 가능) **266**
'소규모 정비사업' 분양 재당첨 금지(5년 제한) 규정은 적용 ✕ **267**
'소규모 정비사업'에서 주의할 사항 **268**

11   **재개발 사업 유형별 '기준일' 체크리스트** **269**
투기 차단과 권리 확정의 시점 **269**
권리 합산 및 분할 행위의 명암 – 언제 가능하고 언제 금지될까? **269**
사업 유형별 '기준일' 체크리스트 **270**
지위 확정의 구분 – 조합원, 분양 대상자, 현금청산자의 운명 **271**
현금청산자는 조합원일까? **271**
현금청산 시점과 '사전청산'의 의미 **272**

12   **현장 실전 투자 사례와 법률적 갈등 해부** **273**
       (ft. 중앙정부 vs. 지방정부 vs. 법원)

현장의 경고등 – 법과 조례, 실무의 충돌 지점 **273**
논란 1. 도시정비법 vs. 서울시 조례의 충돌(물딱지 위험) **273**
논란 2. 뉴타운 해제 후 신통기획의 기준일 논란 **273**
논란 3. 등기 vs. 대장, 원인일 vs. 접수일의 싸움 **274**
논란 4. 조합장의 딜레마? 동의율 확보를 위한 '상생협약'의 허점 **275**

에필로그 **276**

〈서울시 역세권 재개발 최강투자〉
특별선물 2가지

선물 1

지역(구역) 분석을 위한 엑셀 파일 서식 제공

지역을 분석하기 위해 알아야 할 기초 지식을 VOD 영상을 통해 학습하고
엑셀 파일을 다운로드한 후 직접 수식을 입력하다 보면 사업성을 스스로 판단할 수
있습니다. 여러분의 재개발 투자 실력이 일취월장 발전하게 도와줍니다.

선물 2

〈재개발연구회〉 현장탐방 실시간 라이브 참여 1회 입장권

안방에서 현장탐방을 다녀올 수 있는 실시간 라이브 참여 1회 입장권을
제공합니다. 생업으로 바쁜 분들이나 지방에 계신 분들이라면 라이브 세미나를
통해 재개발 현장의 생생한 이야기를 접해보세요.

이용 방법

다음 QR 코드에 접속한 후 독자 인증을 통해 〈재개발연구회〉 라이브스쿨
서비스를 이용할 수 있습니다.

❶ 도서 구매 후 → ❷ QR 코드 접속 → ❸ 독자 인증 → ❹ 서비스 이용

준비
마당

서울시 역세권 재개발 최강투자

서울시 역세권 재개발 기본기

(ft. 실패를 줄이는 안전 공식)

01 서울시 모든 역세권은 재개발이 가능하다?

(ft. 우리 동네도 혹시 …)

최고의 가치창조시스템 − 서울과 수도권 전철

서울과 수도권에는 무수히 많은 전철과 지하철이 있는데, 이것들 모두 서울시와 그 주변 지역을 연결하는 수도권 전철 시스템의 일부입니다. 서울시 역세권은 모두 어디든지 연결되는 신경망처럼 주요한 위치에 자리매김하고 있습니다.

역세권은 단순히 교통이 편리한 것을 넘어 주거 가치와 재개발 사업성에서 일반 지역을 압도하는 프리미엄 고속도로입니다. 역세권에 산다는 것은 '가치 그 자체'와 '가치를 만드는 속도'에 올라앉아 사는 것과 같습니다. 이것이 바로 같은 모양, 같은 평수의 집이라도 역 근처에 있느냐, 멀리 있느냐에 따라 가격 차이가 발생하는 이유죠.

　이제 재개발 측면에서 서울시 역세권이 최고의 가치를 가질 수밖에 없는 이유를 '입지', '사업성', '속도', 이렇게 3가지 측면에서 이야기해 보겠습니다.

■ 서울시 모든 역세권이 재개발 후보인 이유 3가지

역세권의 가치 ❶ 태생부터 최상인 '입지'

　역세권은 말 그대로 역을 중심으로 형성된 지역이어서 교통 입지가 최상일 수밖에 없습니다. 주거환경의 품질을 결정하는 핵심 요소, 즉 생활 편의시설과 교통 여건 등이 이미 갖춰져 있다는 뜻이죠. 따라서 역세권이 아닌 곳의 재개발과 역세권인 곳의 재개발은 그 가치가 다를 수밖에 없습니다.

　역세권은 그 기능에 따라 다음과 같이 분류되고 서로 다른 매력을 가지고 있습니다. 역세권 유형별로 대상지 선정 조건과 용적률이 달라지는데, 이것에 대해서는 '첫째마당. '역세권 장기전세' 실전 투자 사례'부터 '넷째마당. '도심복합사업' 실전 투자 사례'에서 살펴보겠습니다.

역세권 유형	특징
'중심지' 역세권 (도심의 심장)	시청, 종로, 강남 등 도심 및 광역 중심지로, 상업 및 업무 기능이 고도로 집중된 지역
'환승' 역세권 (만남의 광장)	2개 이상의 노선이 교차하여 유동 인구가 많고 복합적인 개발 잠재력이 매우 높은 지역
'지역' 중심 역세권 (동네의 얼굴)	특정 구의 중심지 역할을 하고 상업 및 생활 편의시설이 밀집되어 생활이 편리한 지역
'주거지' 역세권 (편안한 보금자리)	주로 주거 기능이 우세하고 생활 편의시설을 갖춘 지역

역세권의 가치 ❷ 공간 마법을 부리는 압도적인 '사업성'

역세권 재개발이 사업성이 좋은 핵심 이유는 용적률 인센티브를 통해 훨씬 더 많은 세대를 지을 수 있기 때문입니다. 마치 '건축 높이 제한 해제권'을 받는 것과 같아요. 물론 늘어난 용적률의 일부는 장기전세주택(시프트)이나 공공시설 등으로 기부채납하게 되어 일종의 비용이 발생하지만, 전반적으로는 사업성이 좋아져서 조합원 부담금을 줄일 수 있습니다.

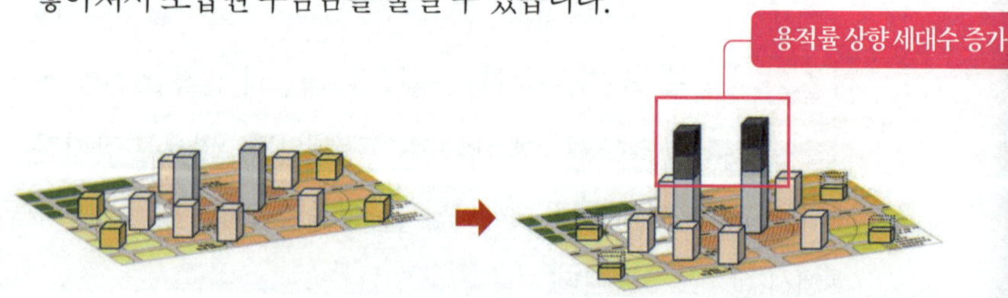

역세권 재개발은 일반 재개발보다 사업 속도가 빠르다는 장점이 있습니다. 동의율을 낮춰 구역을 빠르게 지정하고, 각종 규제 완화와 인센티브로 사업성을 높여주어 주민 동의율이 함께 높아졌으며, 이로 인해 사업 기간도 단축되고 있습니다. 이것에 대한 자세한 내용은 앞으로 우리가 다루게 될 겁니다. 결론적으로 역세권 재개발은 최상의 주거 입지에 압도적인 사업성과 빠른 사업 속도가 결합해서 최고의 가치를 창출하는 특별한 기회가 되는 것입니다. 이것이 바로 서울의 역세권이 재개발하기에 모두 '좋은 지역'일 수밖에 없는 이유이고 우리가 역세권 재개발을 공부하는 이유입니다.

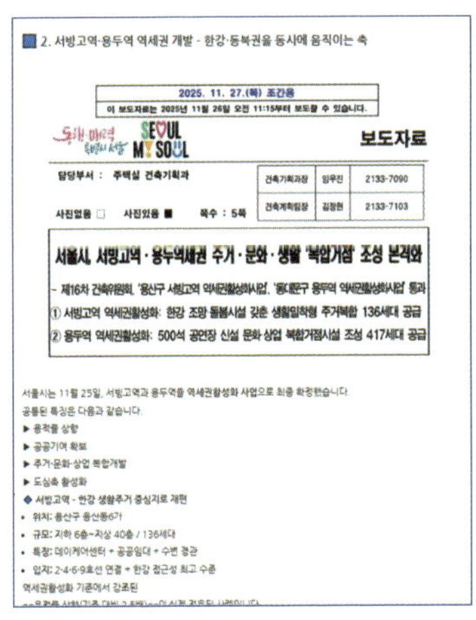

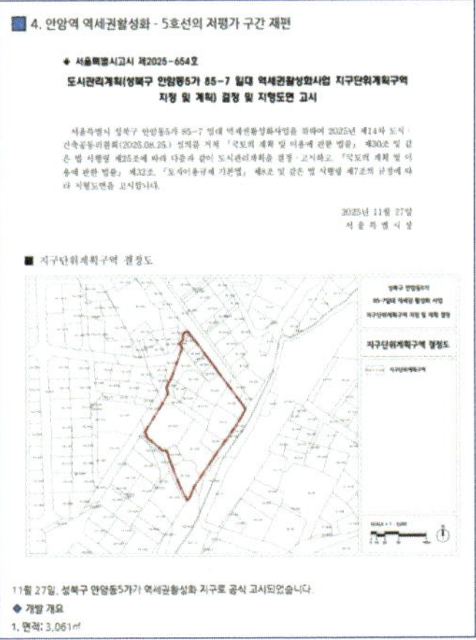

02 서울시 역세권 재개발, 왜 이렇게 쉽고 빨라졌나?

(ft. 1. 반값 동의, 2. 사업 기간 축소, 3. 규제 완화)

서울시 정책 변화와 주민들의 기대감

최근 서울시에 있는 동네 이곳저곳을 돌아다녀 보면 재개발 추진을 알려주는 각종 플래카드나 추진준비위원회 사무실을 볼 수 있습니다. 그리고 재개발에 대한 주민들의 확고한 의지를 넘어 구청이나 서울시에서도 신속히 재개발을 추진하겠다는 뉴스나 보도자료가 자주 등장합니다. "우리 동네도 혹시?"라고 기대하는 분들도 많을 겁니다. 이렇게 재개발에 대한 주민들의 OK 사인이 많아진 이유는 서울시의 정책 변화와 주민들의 주거 형태 선호가 서로 맞물렸기 때문입니다.

한동안 서울시가 재개발을 안 하겠다고 마음먹은 것처럼 재개발 사업이 더디게 추진되던 시절도 있었습니다. 하지만 지금

은 상황이 많이 다
릅니다. 서울시는
요즘 어떻게든 서둘
러 양질의 주택 공
급을 희망한다는 의
지가 그 어느 때보
다도 강합니다. 그
렇다면 요즘 왜 역
세권 재개발이 활발

한지 좀 더 자세히 살펴보겠습니다.

1 | 반값 동의 – 구역 지정 문턱 낮추기

낮아진 재개발 구역 지정 입안 동의율

이전에는 동네 주민들끼리 모여 재개발을 지정할 때 전체의 3분의 2, 즉 10명 중 7명이 "좋아!"라고 찬성해야만 시작할 수 있었습니다. 만약 6명만 찬성한다면 아무리 좋은 계획이라도 물거품이 되었죠. 서울시 재개발도 마찬가지여서 '정비계획 입안을 위한 주민 동의 요건'이 매우 까다로웠습니다.

하지만 이제 절반의 주민만 동의하면 재개발의 첫 단추인 정비구역 지정을 위한 절차를 시작할 수 있게 되었습니다. 물론 그런다고 반드시 정비구역으로 지정되는 것은 아니지만, 어쨌든 서울시에 찾아가 재개발해달라고 노크할 수 있는 문턱이 크게 낮아진 겁니다. 그래서 재개발을 망설이던 구역들도 이 정도면 해 볼 만하다고 생각하면서 적극적으로 참여하게 된 것이죠.

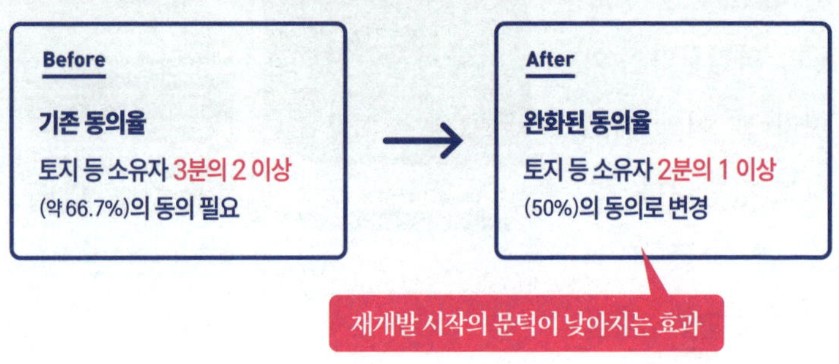

2 | 사업 기간 축소 – 패스트트랙 제공

'신속통합기획'으로 사업 기간이 절반으로 크게 감소한 '일반 재개발'

재개발 사업은 보통 '10년 걸리면 잘했다'는 말이 나올 정도로 마라톤과 같이 길고 오랜 여정입니다. 그리고 이것이 바로 재개발 사업을 주저하게 만드는 가장 큰 걸림돌이었습니다.

서울시는 시간을 획기적으로 줄여주는 '신속통합기획(신통기획)' 제도를 도입했습니다. 주민들이 힘을 모아 '재개발'이라는 마라톤을 빠르게 달릴 수 있게 '패스트트랙'(**목표를 달성하는 가장 빠르고 직접적인 경로**)을 깔아준 셈입니다. 주민 입장에서는 5년 걸릴 재개발 사업이 2년 만에 끝난다면 그만큼 새 아파트에 입주할 시기가 앞당겨지고 시간적 비용**(기회비용)**도 절약됩니다. 즉 고생은 덜 하고 보상은 더 빨리 받게 된다는 기대감이 결과적으로 동의율을 빠르게 끌어올리는 것입니다.

　이러한 속도 쾌감은 모아타운, 역세권 재개발을 비롯한 소규모 정비사업에서도 발견할 수 있습니다. 상대적으로 대규모 재개발인 신속통합기획이 패스트트랙으로 사업 추진 속도를 빠르게 해 주었다면 '소규모 정비사업'•은 아예 출발점을 앞당겨서 뛰어야 할 레이스를 더 짧게 해 주었습니다.

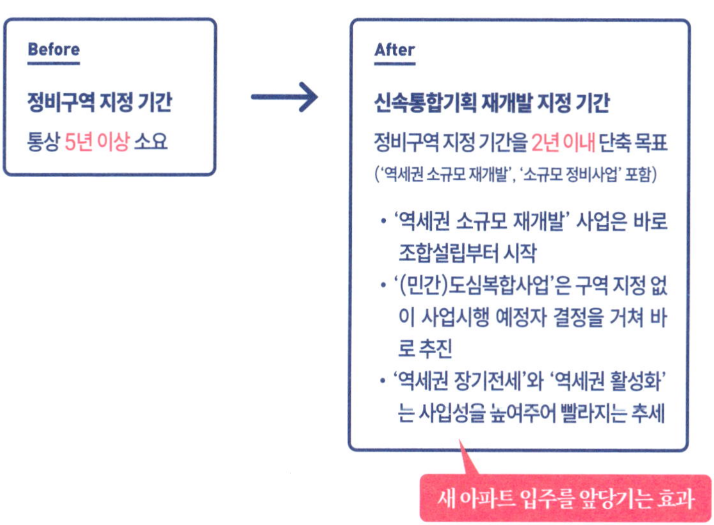

•　**소규모 정비사업**: 일반적인 재개발 사업보다 절차가 대폭 간소화되었습니다. 신속통합기획 재개발이 절차를 빠르게 처리한다면 '소규모 정비사업'은 조합설립인가가 첫 시작입니다. 구역 지정, 추진위원회 승인 등의 사업을 시작할 때 필요한 절차를 생략하고 관리처분인가를 사업시행 때 함께해서 기간이 대폭 축소되었습니다.

3 | 규제 완화 – 땅의 가치 끌어올리기

용적률 상향과 역세권의 범위 확장

재개발 주민 동의율이 높아지는 가장 핵심 요소는 결국 '돈'입니다. 지금의 가치보다 재개발 이후의 가치가 훨씬 크다면 당연히 모두 동의하게 됩니다. 서울시는 역세권 재개발의 경우 건물을 더 높게, 그리고 더 많이 지을 수 있도록 용적률을 상향하고 역세권 범위를 확장해 세대수를 더 많이 지을 수 있도록 지원하고 있습니다. 그리고 공공기여 측면에서도 '많이 지으면 많이 내고 적게 지으면 적게 내라.'는 합리적인 방침 덕분에 재개발의 경제적 가치가 더욱 높아졌습니다. •

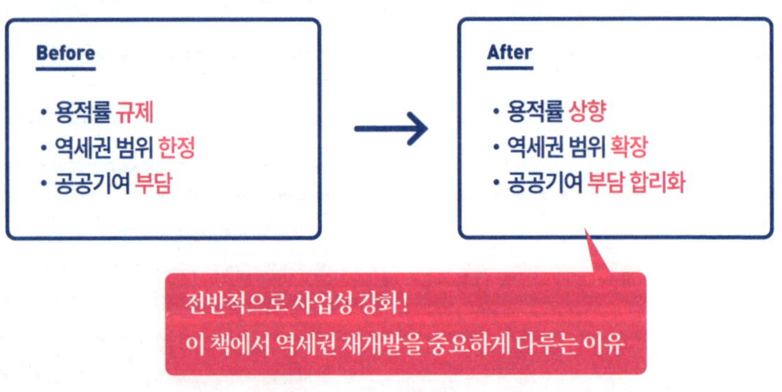

● 과거에는 고도지구처럼 높이 제약을 받는 지역에서는 아무리 용도지역을 상향해도 높이 제한 때문에 분양세대를 늘리는 데 한계가 있었습니다. 게다가 공공에 기부해야 하는 부담(공공기여)은 실제 확보된 용적률에 비례해서 적용했으므로 사업성이 안 나와 재개발 사업이 잘 진척되지 않았습니다.

'우리도 할 수 있다'는 확신이 가장 큰 동력!

대다수의 국민이 아파트를 선호하므로 그 어느 때보다도 재개발 논의가 활발해지고 있습니다. 그중에서도 서울시 역세권은 정책적 지원과 규제 완화로 주민들의 반대 의견이 줄어들고 있습니다. 게다가 사업 추진에 대한 긍정적인 인식도 크게 확산되고 있습니다. 이제 재개발은 '하고 싶은 사업'을 넘어 '할 수 있는 사업'이 된 것입니다.

서울시가 지원하는 재개발 정책 수단 3가지
(ft. 신속통합기획, 모아타운 및 모아주택, 역세권 재개발)

서울시는 공급 속도전을 위해 1. 신속통합기획(신통기획), 2. 모아타운 및 모아주택, 3. 역세권 재개발, 이렇게 3가지 재개발 정책 수단을 활용하고 있습니다.

1. 신속통합기획(신통기획) – 대규모 재개발의 '패스트트랙'

신속통합기획(신통기획)은 대규모 재개발이나 재건축 사업에 적용되는 '초고속 인허가제도'입니다. 기존에는 주민들이 복잡하게 여러 곳의 관공서를 직접 찾아다니면서 허가와 관련된 도장을 받느라 5년 이상 걸렸습니다. 하지만 신통기획은 서울시가 사업 초기 단계부터 계획 수립을 지원하고 서울시와 구청, 주민이 원팀이 되어 가이드라인을 수립하면서 길을 터줍니다. 덕분에 정비구역 지정 기간이 약 2년으로 줄었습니다.

■ 정비구역 지정 기간 축소

2. 모아타운 및 모아주택 – 작은 동네의 '블록 단위 개발'

모아타운 및 모아주택은 신속통합기획처럼 큰 개발이 어렵거나 무산된, 작고 낡은 저층 주거지를 위한 정비 모델로, 여러 개의 작은 정비사업(가로주택정비사업, 소규모 재개발 등)을 '블록'처럼 묶어서 관리하고 개발하는 방식으로 진행됩니다. 이 사업은 구역 지정이 없고 바로 조합설립부터 진행되어 절차가 신속하게 진행되는 것을 넘어 절차를 생략해 줌으로써 속도가 빠르다는 장점이 있습니다. 이에 따라 사업 기간도 평균 11년에서 9년 이내로 단축하는 것을 목표로 합니다. 현재까지 85곳 이상이 모아타운 및 모아주택 대상지로 선정되는 등 빠르게 사업이 추진되고 있습니다.

3. 역세권 재개발 – '용적률 인센티브'를 통한 윈-윈 전략

지하철역 주변이나 큰 도로 옆(간선도로변)처럼 용적률(건물을 얼마나 높게 지을 수 있는지)을 높여도 도시 기능에 무리가 없을 지역을 위주로 역세권 재개발이 진행됩니다. 서울시가 용적률을 높여주어 사업성을 극대화하고 늘어난 용적률(추가로 지을 수 있게 된 주택)의 절반은 주민들의 사업성 향상을 위해(분양세대 증가), 나머지 절반은 서울시 공공사업(공공임대 등)을 위해 쓰는 '윈-윈 전략' 사업으로, '역세권 장기전세', '역세권 활성화', '역세권 소규모 재개발', '도심복합사업' 등이 여기에 해당합니다. 이 책에서는 이러한 서울시 역세권 재개발 사업에 대해 집중적으로 살펴볼 것입니다.

중앙정부와의 충돌은 여전히 미지수

서울시가 인허가 속도를 아무리 올려도 중앙정부가 통제하는 '금융 규제' 때문에 현장에서 문제가 생기는 병목현상이 걸림돌로 작용하고 있습니다. 하지만 이것도 절박한 주택 공급이라는 숙제 앞에서 곧 해결책이 나오리라 기대합니다.

03 역세권 재개발, 어떻게 규제의 선을 넘었나?
(ft. 용도지역과 용적률)

용도지역 – 땅을 나누고 적절한 이름표 붙이기
용도지구 – 용도지역에 붙인 특별한 규칙(규제)

서울시 역세권이 재개발 동력을 갖춘 것은 용도지역지구제●로 제한한 규제를 완화했기 때문입니다. 용도지역지구제는 도시라는 큰 땅을 용도에 따라 구획하고 각 구역의 활동을 제한하는 역할분담시스템입니다. 여러분이 시장이 되어 레고 도시를 만든다고 상상해 보세요. 가장 먼저 땅을 나누고 이름표를 붙이는 것부터 시작하겠죠? 그 작업이 용도지역을 지정하는 것으로, 크게 다음과 같이 4종류가 있습니다.

● **용도지역지구제**: 도시계획구역 안에서 토지의 이용 및 건축물의 용도, 건폐율, 용적률 등을 제한해서 토지를 효율적으로 이용하고 공공복리를 증진시키기 위한 제도

- 시민들이 잠을 자고 쉬는 곳은? → **주거지역**
- 시민들이 물건을 사고 일하는 곳은? → **상업지역**
- 공장과 생산시설이 들어서는 곳은? → **공업지역**
- 자연을 보존하는 곳은? → **녹지지역**

여러분이 시장이라면 이 구역들이 섞이지 않게 명확하게 나누고 관리하겠죠? 주거지역에 대형 공장이 들어오면 시민들이 싫어하니까요. 하지만 용도지역을 만든다고 모든 게 해결되지는 않습니다. 오히려 특별한 규칙(**보조 규제**)을 만들어서 규제하기도 합니다. 예를 들면 다음과 같은 경우죠.

- "이 주거지역 주변에는 멋진 산이 있으니 건물 높이를 제한하자."
  → **고도지구 지정!(높이 제한 추가)**
- "이 상업지역은 화재가 잘 발생할 수 있으니 불에 잘 타지 않는 자재를 쓰게 하자."
  → **방화지구 지정!(안전 규제 추가)**

이처럼 용도지역이 도시의 기본적인 뼈대를 잡아주면 용도지구가 그 뼈대에 특별한 기능을 덧붙여 보완하는 역할을 합니다.

용적률은 당신의 레고 땅에 건물의 총볼륨(부피)을 얼마나 채울 수 있는지를 정하는 가장 중요한 숫자 규칙입니다. 대지 면적은 케이크 크기, 용적률은 케이크의 총높이라고 생각해 보면 용적률이 높을수록 더 높은 건물을 지을 수 있습니다.

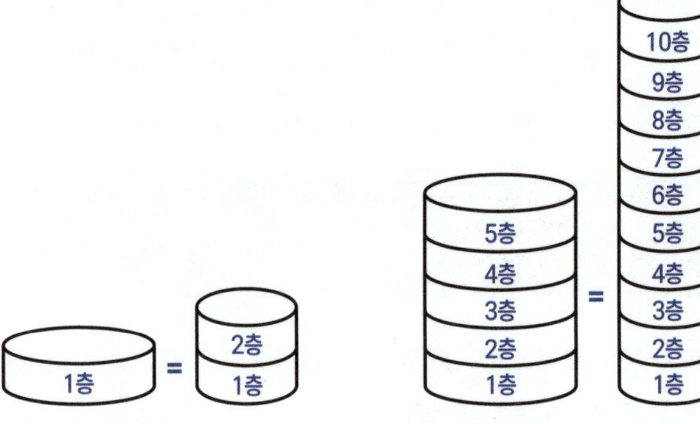

용적률이 100%인 경우

1층짜리 100m² 건물 또는 2층짜리 50m² 건물을 지을 수 있어요.

용적률이 500%인 경우

5층짜리 100m² 건물 또는 10층짜리 50m² 건물을 지을 수 있어요.

도시에서는 용도지역에 따라 용적률이 확 달라지는데, 주거지역 중에서도 제1종 전용 주거지역은 조용한 동네라 용적률이 100%이고 최대 2~3층 정도의 낮은 케이크(건물)만 허용합니다. 반면 상업지역 중에서도 중심 상업지역은 용적률이 1,500%이고 사람들이 북적거려야 하므로 30층 이상의 초대형 케이크(고층 빌딩)를 마음껏 쌓을 수 있게 허용합니다. 결과적으로 용적률이 높을수록 땅값은 비싸지고, 도시는 더욱 밀집되며, 고층화됩니다.

재개발을 하면 쾌적성이 떨어지거나 교통량이 증가해서 불편할 수도 있습니다. 그래서 이미 도시 기능이 완벽히 갖춰져 있어서 쾌적하고 교통량을 충분히 흡수할 수 있는 역세권 위주로 용적률 규정을 완화하는 것이죠. 이것이 바로 우리가 지금 역세권 재개발을 공부하는 이유입니다.

규제의 종류 – 법적 상한(국가 법령) vs. 조례 상한(지자체 조례)

용적률에는 국가가 정한 '법적 상한'과 지방자치단체가 정한 '조례 상한'이라는 2개의 규제선이 있습니다.

■ 법적 상한 vs. 조례 상환 용적률 비교

	법적 상한(국가 법령)	조례 상한(지자체 조례)
역할	국가가 전국의 용도지역에 대해 '이 정도 밀도 이상은 위험하거나 쾌적하지 않다.'고 정한 최대 가이드라인	각 지자체(서울시, 부산시 등)가 국가의 가이드라인(300%) 안에서 해당 지역의 도로 상황, 공원 부족 문제, 학교 수용 능력 등을 고려해 실제 적용할 최종 기준을 정합니다.
예시	**국토계획법**: 대한민국 제3종 일반주거지역의 최대 용적률은 300%를 넘으면 안 됩니다.	**서울시 조례**: 우리 서울시는 교통체증이 심하니 제3종 일반주거지역의 용적률을 법적 상한인 300% 대신 250%까지만 허용합니다.

절대로 넘을 수 없는 빨간색 선

실제로 건물을 지을 때 적용되는 파란색 선

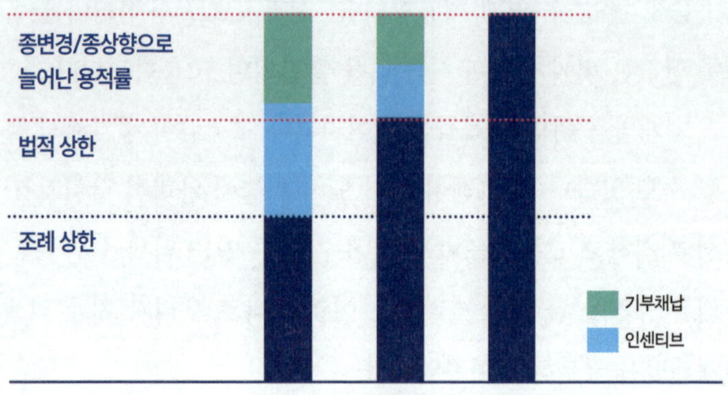

역세권 재개발의 매력 – 법령과 조례 상한선이 뚫린다

건축주는 먼저 파란색 선(조례 상한)을 따라야 하고 이 파란색 선은 빨간색 선(법적 상한)을 절대 넘을 수 없습니다. 이처럼 용적률은 국가와 지방의 협력을 통해 도시의 밀도를 섬세하게 관리하는 도구입니다.

우리가 배우는 역세권 재개발은 파란색 선(조례 상한)을 지자체가 살짝 넘기게 해 주거나 심지어는 빨간색 선(법적 상한)까지 갈 수 있도록 인센티브를 주고 있습니다. 또는 한발 더 나아가 2종을 3종으로, 3종을 준주거로 그 땅의 이름표(용도지역)를 바꿔준 후 다시 빨간색 선까지 허용하는 경우도 있습니다. 그러면 당연히 사업성이 좋아지겠죠? 이처럼 역세권 재개발은 세세하게 살펴볼수록 매력덩어리랍니다.

04 역세권 어디에 있는 물건을 사야 아파트를 받을까?
(ft. 역세권 거리 재기)

알쏭달쏭 역세권? 투자에 주의할 것!

역세권에 위치한 빌라나 재개발 물건을 매입하는 것은 정말 중요합니다. 역세권에 들어가느냐, 아니냐에 따라 가격도 천차만별 다릅니다. 따라서 역세권 범위를 정확히 알고 그 안에 있는 물건을 매입해야 성공적으로 투자할 수 있습니다. 그렇다면 바로 이것이 궁금할 것입니다.

'역에서 얼마나 가까워야 역세권이지?'

자, 그러면 지금부터 역세권 범위를 재는 방법에 대해 파헤쳐 보겠습니다! 역에서 거리를 재는 방법은 다양하지만, 지금은 하나의 방식으로 통용되고 있습니다. 우선 옛날 역세권 범위를 측정했던 방식도 잠깐 살펴볼게요.

역세권 거리 재기 ❶ 역 중심 '점'에서 동심원 그리기

먼저 역의 중심을 하나의 점으로 잡고 그 점에서부터 동심원을 그려서 '250m 이내'와 같이 일정한 거리를 재는 방식입니다. 마치 돌을 던지면 물결이 퍼져나가듯 원 모양으로 범위를 설정하는 것이죠. 하지만 역의 모양은 기차역처럼 크고 다양할 수 있는데, 이런 경우 '중심점'을 어디로 잡아야 할지 모호해져서 요즘에는 이 방식을 잘 사용하지 않습니다.

역세권 거리 재기 ❷ 개찰구 '입구'에서 동심원 그리기

이번에는 역의 개찰구를 기준으로 동심원을 그리는 방식입니다. 개찰구가 여러 개 있는 큰 역이라면 개찰구마다 동심원이 여러 개 그려져서 역세권 범위가 좀 더 확대되는 효과가 있습니다. 마치 풍선이 여러 개 달린 것처럼 범위가 넓어지는 것이죠. 지금은 이 방법도 잘 사용하지 않습니다.

역세권 거리 재기 ❸ '역사 모양' 그대로 그리기!
동심원 No! (서울시 통용)

그렇다면 재개발 현장에서 '진짜 역세권'을 판단하는 기준은 무엇일까요? 바로 역사의 외곽 모양을 그대로 따라 거리를 재는 방식입니다. 역사의 모양이 네모나거나 직각이라면 그 역사 모양 그대로 길이가 늘어나는 방식이에요. 예를 들어 네모난 역사에서부터 250m를 재면 범위도 네모 모양에 가깝게 길쭉하게 늘어나는 셈이죠. 마치 역사의 외벽에 250m짜리 띠를 두르는 것과 같다고 생각하면 됩니다. 서울시가 추진하는 역세권 재개발 사업이 바로 이 방식을 기준으로 삼고 있습니다.

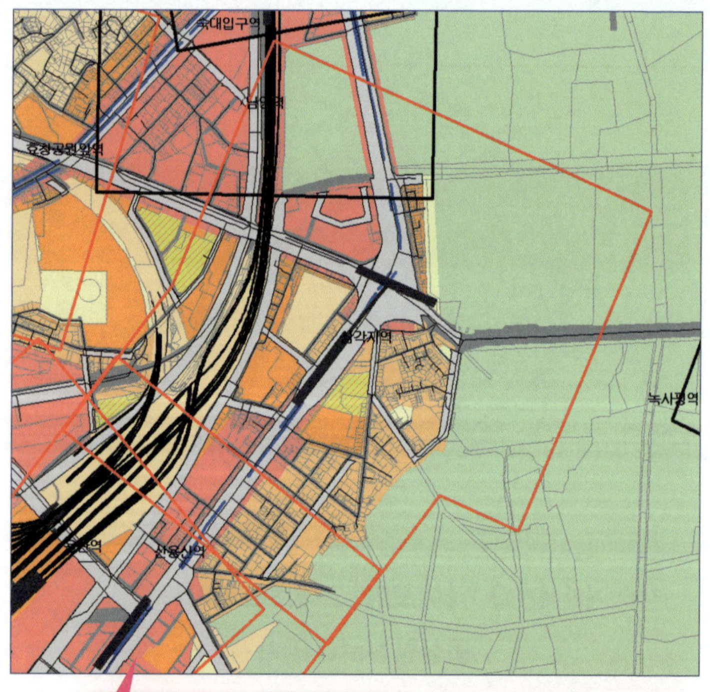

서울시가 추진하는 ❶ '역세권 장기전세', ❷ '역세권 활성화', ❸ '역세권 소규모 재개발', ❹ '도심복합사업'에 적용되는 역세권 재는 방식

만약 내가 사려는 빌라가 네모난 역사에서 '일직선으로 200m' 떨어져 있다면 그 빌라는 역사의 외벽 모양을 따라 정해진 역세권 범위에 속할 가능성이 큰 겁니다. 이때 역 중심에서 200m만 따지는 것이 아니라 역 건물 전체에서 가장 가까운 거리를 기준으로 측정한다는 점을 참고하세요.

다음은 역세권 거리 재기(**잠정적**) 예시입니다.

청량리역 역세권 거리 재기

홍릉역 역세권 거리 재기

장한평역 역세권 거리 재기

외대앞역 역세권 거리 재기

예정역은 역세권이 아니다? '확정'이 중요!

앞으로 지어질 예정역도 역세권의 범주에 포함될 수 있지만, 여기에는 함정이 있습니다. 예정역이라도 역사의 모양이 확정된 경우, 즉 구체적인 설계도나 위치가 나와서 47쪽에서 설명한 '역사 모양 기준'을 적용할 수 있습니다. 하지만 말 그대로 "그냥 역이 생길 거래."와 같은 먼 미래의 예정역은 아직 문제가 됩니다. 역사의 모양이 확정되지 않았으므로 현재 통용되는 거리 기준을 적용할 수 없어서 역세권으로 볼 수 없습니다. 그러니 투자 전에 '예정역'이라면 역사의 구체적인 모양과 위치가 확정되었는지 반드시 확인해야 합니다.

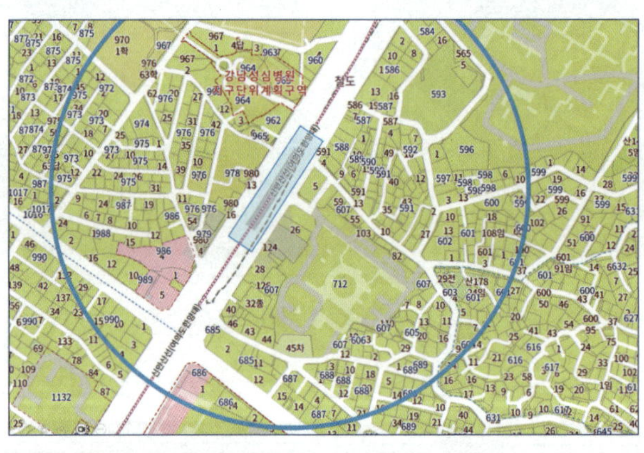

05 역세권 재개발 사업 4가지 살펴보기

(ft. '역세권 장기전세', '역세권 활성화', '역세권 소규모 재개발', '도심복합사업')

1 | 재개발 사업별 특징 – 4명의 건축가가 집을 짓는다고 가정한다면?

역세권 재개발 사업은 다음과 같이 총 4가지로 나뉩니다.

❶ 역세권 장기전세

❷ 역세권 활성화

❸ 역세권 소규모 재개발

❹ 도심복합사업

이 4가지 사업은 마치 각자의 목표와 건축 방식이 다른 4명의 건축가와 같아서 진행되는 프로세스뿐만 아니라 관공서의 관련 부처도 서로 다릅니다. 자세한 내용은 다음 표를 참고하세요.

역세권 재개발 사업 유형	비유(건축가)	주요 특징(쉽게 말해서)	핵심 목표
❶ 역세권 장기전세	• '속도전 마스터' • 서민주택 공급 건축가	**빨리빨리!** • 높은 용적률을 활용해 최대한 빠르게 많은 집을 짓는 데 집중	높은 용적률을 활용해 신속한 주택 공급
❷ 역세권 활성화	• '만능 해결사' • 도시 재창조 건축가	**문제 해결 전문가!** • 개발이 어려운 지역의 복잡한 문제를 풀고 필요한 인프라와 주택 함께 짓기	개발 난제 해소와 도시 환경 개선
❸ 역세권 소규모 재개발	• 작지만 강하게! • '소규모 프로젝트' 건축가	**소규모 단지 전문가!** • 소규모 부지를 확보해서 주택뿐만 아니라 임대주택, 편의시설까지 갖춘 하나의 작은 커뮤니티 조성 • 작지만 모아모아 큰 단지 구성도 가능	소규모 주거단지 조성 및 임대아파트 확보
❹ 도심복합 사업	• '공공 우선' 건축가 vs. 신탁사 시행으로 효율적 관리 건축가	**공익 추구자!** • 사업의 공공기여를 최우선으로 생각하고 공원이나 도로와 같은 공공기반시설(SOC)을 넓히는 데 중점 • 동시에 임대아파트도 확보 • 최근 조합 방식이 아닌 신탁사 시행 방식이 만들어져서 다양한 사업 가능	공공기여 및 도시 기반시설 개선

2 | 역세권 재개발 사업의 땅 크기 비교

역세권 재개발 사업을 진행하려면 땅의 크기(**면적**)가 기준을 충족해야 합니다. 자, 그러면 역세권 재개발 사업별로 땅의 크기를 살펴볼게요.

❶ 역세권 장기전세

'역세권 장기전세' 사업은 '역세권 소규모 재개발'보다 큰 20,000~30,000㎡ 이내 면적을 선호합니다(심의 후 30,000㎡까지 가능). 이 사업은 중소형 아파트 단지가 형성되고 제법 큰 사업부지 모양새를 갖춥니다.

❷ 역세권 활성화

'역세권 활성화' 사업은 토지의 용도 구분이 상업지는 아니지만, 상업지 용도에 준하거나 앞으로 그럴 가능성이 높은 곳의 상권 활성화에 목표를 두고 있습니다.

❸ 역세권 소규모 재개발

'역세권 소규모 재개발' 사업은 크기는 작지만, 역에 가까운 부지를 선호하고 5,000m² 까지만 가능합니다.

❹ 도심복합사업

'도심복합사업'의 경우 최소 면적 기준은 일반적으로 5,000m² 이상입니다. 이 기준은 주로 '도심 공공주택 복합사업'의 역세권 유형(주거상업고밀도지구)에 적용되는 요건입니다.

대부분의 사업은 역 승강장 경계로부터 350m 이내 지역(환승역 또는 도심/지역 중심지)을 기본으로 하는데, 역에서 걸어서 대략 5분 거리를 선호합니다. 하지만 '역세권 활성화' 사업은 더 좁은 범위인 250m 이내 지역(지구 중심지역 및 비중심지역)을 적극적으로 활용해서 개발합니다. 즉 초역세권에 더 집중하는 전략이죠.

역세권 재개발 사업은 당분간 350m까지 허용하지만, 한시적일 수도 있습니다. 어느 정도 '역세권 활성화' 사업이 활성화되면 범위가 다시 줄어들 것으로 예상됩니다.

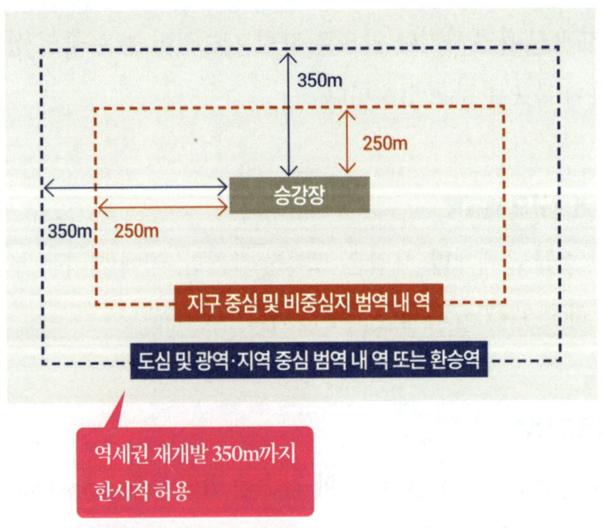

이와 같이 건축을 시작하기 위한 '땅의 조건'과 '건축 가능 범위'에 대해 비교해야 합니다. 현장을 다니면서 수많은 역세권에 있는 노후 주택단지를 보게 되는데, 어떤 지역은 이들 4가지 사업이 모두 가능한 현장도 있고, 이 중 하나만 가능한 현장도 있는 등 현장의 유형은 매우 다양합니다. 왜냐하면 해당 노후단지의 접도(도로에 닿음) 요건이나 노후도, 토지 등 소유자의 소유 물건 분포에 따라 컨디션이 다르기 때문입니다. 이것은 역세권 재개발 사업별 장단점과도 직결되는 부분입니다.

4 | 역세권 재개발 사업의 동의율 비교

건축을 하기 위해 주민들에게 '허락을 받는 과정(동의율)'과 '공사 진행 속도'는 결과적으로 속도가 같을 수밖에 없습니다. 즉 주민들의 호응도가 높을수록 공사 진행 속도는 빨라집니다. 그렇다면 역세권 재개발 사업의 종류별로 동의율 충족 조건에 대해 알아보겠습니다.

❶ 역세권 장기전세, ❷ 역세권 활성화

'역세권 장기전세사업'과 '역세권 활성화' 사업은 토지 소유자 50% 이상과 토지 면적 1/2 이상의 동의가 필요합니다. 마치 아파트 입주민 과반수의 동의를 받는 것과 같습니다. 물론 조합까지 설립되려면 더 많은 동의가 필요하지만, 50% 이상의 동의와 토지 면적 1/2 이상이면 재개발의 첫발은 내디딜 수 있습니다.

❸ 역세권 소규모 재개발

'역세권 소규모 재개발' 사업은 토지 소유자 80%**(2026년 2월 말 기준 75% 변경)**, 토지 면적 2/3 이상의 동의가 필요합니다. 다른 사업은 '구역지정입안'이라는 초기 단계를 거치고 그다음에 조합설립인가로 가야 합니다. 하지만 이 사업은 바로 조합설립부터 첫발을 시작하므로 초반부터 동의율이 다른 역세권 재개발보다 타이트하게 진행되는 대신, 결과적으로 빠르게 진행되는 속도를 체감할 수 있습니다. 이것이 바로 역세권 소규모 재개발의 장점이면서도 단점이기도 하죠.

❹ 도심복합사업

'도심복합사업'은 공공기여의 성격이 강하지만, 다른 사업보다 초기 동의율 기준이 낮은 편이고 노후도 요건도 낮아질 것으로 예상됩니다. '도심복합사업'은 공공이 진행하는 '3080도심복합'과 민간 주도형의 '**(민간)**도심복합'으로 나뉘어지는데, 아직 구체적인 서울시 조례안이 나오지 않아 대상지 선정 기준은 좀 더 기다려야 합니다.

(공공)도심복합사업의 경우는 토지 소유자 2/3 이상과 토지 면적 1/2 이상의 동의를 얻어야 합니다. 일반 재개발의 3/4 동의보다 낮아서 사업 속도는 더 빠를 듯합니다.

5 | 역세권 재개발 사업의 속도 비교

역세권 재개발 사업별로 속도가 다르므로 서로 비교해 보겠습니다.

❶ 역세권 장기전세, ❷ 역세권 활성화

'역세권 장기전세사업'과 '역세권 활성화' 사업은 용적률을 높게 받아 빠르게 사업을 진행하는 '속도전' 전략을 가지고 있습니다. 복잡한 절차 없이 단기간에 많은 주택을 공급하여 임대아파트를 확보하는 것이 목표입니다.

❸ 역세권 소규모 재개발

'역세권 소규모 재개발' 사업은 가급적 작게, 대신 더 빠르게 추진하는 것이 목표입니다.

❹ 도심복합사업

'도심복합사업'은 용적률 인센티브를 상당히 높게 주면서 그 대신 공공기여시설을 확보하는 방식으로 사업을 빠르게 유도합니다. 마치 보너스를 더 받고 더 빨리 일하는 것과 같죠. 소유자들이 '더 높이 지을 수 있는 혜택(**용적률**)'을 받고 그 대가로 지역사회에 제공하는 것을 '공공기여'라고 합니다. 용적률을 높게 해 주는 인센티브에 대한 대가인 셈입니다. 무조건 인센티브가 많다고 좋은 건 아닙니다. 결국 그 대가도 같이 늘어나기 때문이죠.

■ 역세권 재개발 사업의 용적률 혜택과 공공기여 비교

사업 유형	용적률 혜택(더 높이 짓는 혜택)	공공기여(지역사회에 되돌려주는 것)
❶ 역세권 장기전세	용적률 190~250%까지 크게 상향 가능	늘어나는 용적률의 절반을 공공임대로 공공기여
❷ 역세권 활성화	복합 용도 도입 시 최대 4단계까지 상향 가능	전체 사업 면적의 30% 이상을 공공시설(주택 포함)로 기부하거나 공공임대주택 50% 공급
❸ 역세권 소규모 재개발	2025년 기준 3년간 한시적으로 제2종 일반주거지역은 250%까지, 제3종 일반주거지역은 300%까지 용적률을 법적 상한까지 완화 적용	용도지역 상향 또는 법적 상한 용적률 초과에 대해 인센티브를 기준으로 공공 기여 적용
❹ 도심복합 사업	용적률 인센티브를 1.4배까지 부여	공원, 학교, SOC(도로 등 공공기반시설) 확충

6 | 추천 조합원 니즈에 따라 달라지는 역세권 개발 방식

만약 조합원들이 더 빨리, 더 많이 짓는 것이 목표라면 ❶ '역세권 장기전세사업'을 추천합니다. 하지만 개발이 어려운 역세권의 문제를 해결하고 싶다면 ❷ '역세권 활성화' 사업을 추천하죠. 만약 소규모 주거단지와 완벽한 인프라 조성을 가장 빠르게 진행하고 싶다면 ❸ '역세권 소규모 재개발' 사업(**소규모 프로젝트 여러 개 모으기**)이 적절하고요. 공공기반시설 확보와 공공기여가 최우선이라면 ❹ '도심복합사업'을 추천합니다.

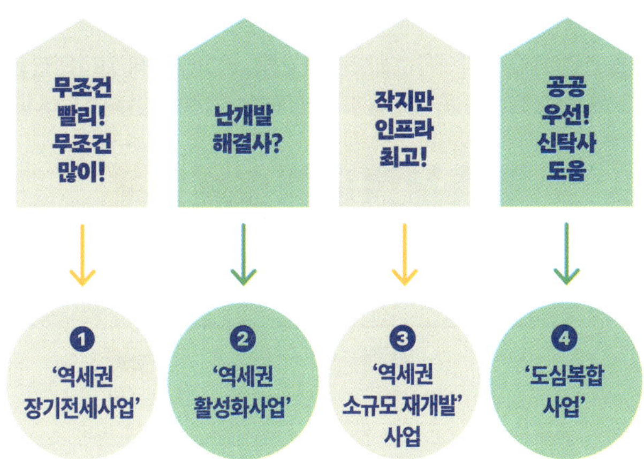

잠깐! 유튜브 전문가의 신축 빌라 추천을 경계하는 이유

재개발 초심자에게 '신축 빌라' 물건을 추천하는 경우가 많은데, 이것은 특히 유튜브 재개발 전문가들에게 보이는 공통적인 현상입니다. 언젠가 먼(?) 미래에 재개발이 될 것이고 서울에 땅 1평이라도 깃발을 꽂으라는 논리죠. 하지만 신축 빌라 투자는 동의율을 높이는 '도우미'인 동시에 사업 자체를 무산시킬 수 있는 '암덩어리'라는 양면성을 가지고 있습니다.

동의율이 낮을 때 구원투수로 등장하는 신축 빌라

일반 재개발은 첫 관문인 조합설립인가를 받기 위해 75%라는 높은 동의율이 필요합니다. 넓은 토지를 소유한 '대지주'들은 높은 임대 수익 때문에 재개발을 달가워하지 않는 경우가 많습니다. 그래서 현장에 가보면 큰 땅 소유자는 재개발에 반대하고 빌라처럼 작은 땅 소유자는 재개발에 찬성하는 비율이 높습니다.

오래된 주택을 허물고 신축 빌라가 들어서면 하나의 대지가 여러 개의 지분으로 쪼개지는데, 이것을 흔히 '지분 쪼개기'라고 부릅니다. 참고로 '지분 쪼개기'란 말은 재미있게도 1998년경 모 신문기자와 필자가 통화 중에 나눈 이야기가 보도되면서 관례화가 되었습니다.

다음과 같이 해당 구역 안에 반대(파란색)와 찬성(노란색)이 반반이라고 가정해 봅시다. 이 지역은 75%의 동의율이 달성되지 않아 일반 재개발은 진행되지 않습니다.

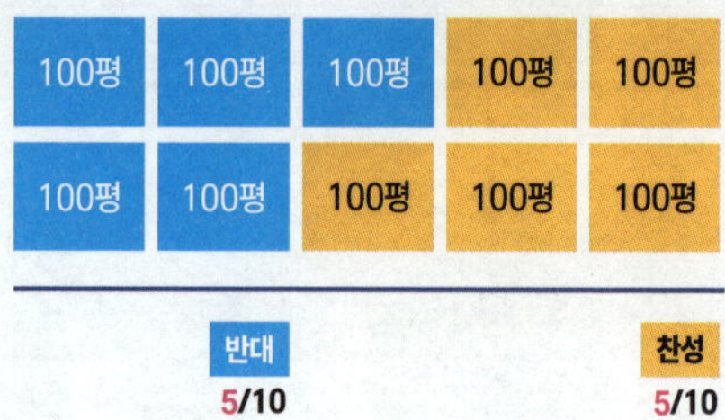

하지만 상황은 다음과 같이 바뀔 가능성이 높습니다.

반대하는 물건 하나가 팔려 여러 개로 쪼개진다고 상상해 봅시다. 하나의 물건이 팔려서 신축이 되어 여러 개의 빌라가 생산되면 해당 빌라를 사는 사람들은 모두 같은 희망을 가지고 있으니 재개발에 찬성하게 될 겁니다. 신축 빌라 매수자들은 대부분 아파트 입주를 간절히 바라기에 이들은 곧바로 재개발의 강력한 동의자로 편입됩니다. 이것이 바로 전문가들이 초기 동의율 확보의 '묘약'으로 신축 빌라를 권하는 이유입니다. 그래서 다음과 같이 찬성 비율이 높아지게 됩니다. 결국 15/19 ＝78.95%이므로 사업 추진을 위한 동의율이 충족되는 것이죠.

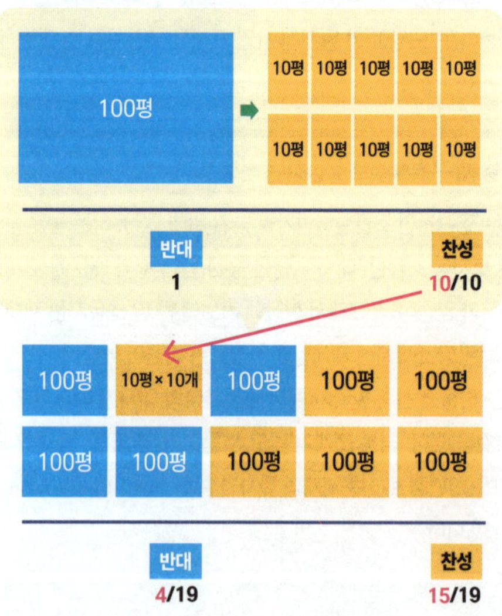

하지만 이러한 현상이 더욱 가속화된다는 것이 문제입니다. 다음과 같이 더 많은 신축이 늘어난다면 조합원은 계속 늘어날 겁니다. 이것은 결국 일반분양의 수를 줄여 사업성이 떨어지고 조합원의 부담금을 늘리는 문제로 연결됩니다.

신축 쪼개기 → 사업성 악화+노후도 훼손 → 재개발 무산으로 귀결

더 큰 문제는 이 '묘약'이 과하면 '독약'이 된다는 점입니다. 신축 빌라가 너무 많이 늘어나면 2가지 치명적인 부작용이 발생합니다. 첫 번째는 조합원 수가 늘어나 사업성이 떨어지는 것이고 두 번째는 노후도가 깨져 재개발 지정 요건에서 아예 멀어지게 되는 것입니다.**

재개발 투자를 할 때는 개별 신축 빌라 물건의 좋고 나쁨만 보지 마세요. 여러분이 투자하려는 그 블록 전체에 신축 물건이 몇 개나 생겼고 그것이 전체 노후도에 어떤 치명적인 영향을 미치고 있는지 반드시 따져보는 지혜가 필요합니다.

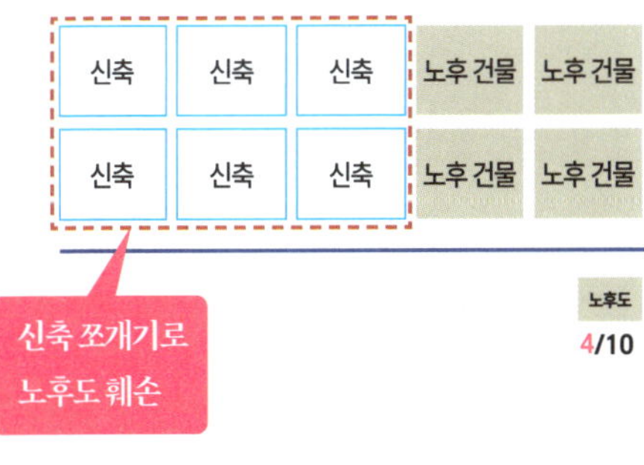

• 단 사업 방식에 따라 도로변 동의율, 블록별 동의율, 일정 연도 이전 소유자의 동의율 등을 보는 사례가 있으니 개별 사례별로 다시 분석해야 합니다.

•• 노후도의 요건은 사업마다 다르고 심지어 전체 노후도가 아닌 블록별 노후도를 따지는 경우도 있습니다.

06 꽁꽁 숨어있는 역세권 재개발 특급 정보 찾기

손품 1단계 | 정부 공식 사이트에서 '운영 기준' 찾기

애석하게도 현재 '역세권 재개발'과 관련된 모든 사업(❶ '역세권 장기전세', ❷ '역세권 활성화', ❸ '역세권 소규모 재개발', ❹ '도심복합사업')은 추진 현황뿐만 아니라 해결해야 할 문제, 정확한 구역계 정보 등이 하나의 사이트에 일목요연하게 정리되어 있지 않습니다. 그래서 일반 초보자들이 관련 정보를 습득하는 것이 쉽지 않습니다.

이렇게 정보 습득이 불편하므로 정보를 취득하는 것이 무척 어려운 문제이지만, 어찌 보면 이것이 바로 기회일 수 있습니다. 남들이 포기한 이런 비체계적인 정보를 직접 조합해 나만의 지도를 완성할 수 있기 때문입니다. 그 첫 시작은 서울시가 운영하는 정책의 '운영 기준'을 마스터하는 것입니다. 정책의 뼈대를 알아야 해당 구역이 어떤 문제에 봉착했는지, 미래에 어떻게 움직일지 예측할 수 있습니다.

■ 서울시 재개발 정책 '운영 기준' 찾기

정보 확인 경로 (정책 및 기준)	주요 내용	관련 URL/QR 링크	
❶ 역세권 장기전세	'서울특별시 역세권 장기전세주택 건립 운영 기준' 전문을 수시로 확인해 사업의 법적 근거와 기준을 파악해야 합니다(사업 대상지, 역세권 범위, 인센티브 등).	서울시 도시계획/ 주택 분야에서 검색	
❷ 역세권 활성화	'서울특별시 역세권 활성화 사업 운영 기준' 전문을 확인해 용도지역 변경을 통한 복합개발의 원리, 공공기여 방식, 추진 절차 등을 이해해야 합니다.	서울시 도시계획/ 주택 분야에서 검색	
❸ 역세권 소규모 재개발	'서울특별시 (역세권) 소규모 재개발 운영 기준' 전문을 확인해 용도지역 변경을 통한 추진 절차 등을 이해해야 합니다.	서울시 도시계획/ 주택 분야에서 검색	
정비사업법 관련 법령 정보 (법제처)	도시정비법, 소규모주택정비법 등 정비사업 관련 법규 및 조례를 살펴보아야 합니다(검색 창에 관련 법령 검색).	'법제처' 검색	
서울도시 공간포털	도시계획과 관련된 각종 공고문, 지구단위계획, 도시계획 결정 고시 등의 자료를 열람해야 합니다.	'서울도시공간포털' (urban.seoul.go. kr) 검색	

이러한 정책 기준은 투자의 설계도를 만드는 지침과 같습니다. 설계도를 모르면 현장이 아무리 좋아 보여도 예상치 못한 암초에 걸릴 수 있으니 자주 바뀌는 개정 사항까지 놓치지 않고 체크해야 합니다.

'운영 기준(설계도)'을 이해했으면 이제 실제 사업이 어떻게 진행되고 있는지 '개별 사업장의 정보'를 수집해야 합니다. 이러한 정보가 바로 '특급 정보'의 원재료가 됩니다.

다음 사이트를 통해 공식적인 지식을 쌓고 이것을 토대로 현장을 직접 방문하여 발품을 팔아야 비로소 남들이 알지 못하는 특급 정보를 조합해 자신만의 가치를 창출할 수 있습니다. 이것이 곧 재개발 투자의 성공 레시피가 될 것입니다.

■ **서울시 개별 사업장 정보 찾기**

정보 확인 경로 (사업 진행 현황)	주요 내용	관련 QR 링크
정비사업 정보몽땅 (서울시 통합 시스템)	• 재개발/재건축 등 기존 정비사업의 추진 현황과 총회 의사록, 계약서, 회계 내역 등 투명하게 공개되는 정보를 확인합니다(역세권 재개발 구역이 정비사업으로 추진되는 경우).	
토지이음 (국토교통부)	• 모든 도시계획(정비구역 지정 고시) 중 토지이용계획을 조회합니다. • 구역계의 정확한 법적 지정 범위와 용도지역 등 핵심 정보를 확인합니다.	
자치구청 홈페이지 (고시/공고)	•'역세권 활성화' 사업의 대상지 선정이나 소규모 재개발의 사업시행계획인가 등 구체적인 인허가 사항은 해당 구청의 고시/공고 게시판에 가장 먼저 공고됩니다.	각 구청 홈페이지 🔲 강남구청, 영등포 구청 등

위의 사이트 정보를 토대로 현장을 직접 방문해서
발품을 팔아야 자신만의 정보가 최종 완성됩니다.

재개발 가능성 핵심 지표

'노후도' 손품 팔기
(ft. K-GeoP, 서울도시공간포털, S-MAP)

눈으로 직접 '노후도'를 확인하는 사이트 3곳

"우리 동네, 재개발 가능한 거 맞아?"

"지금 당장은 아니더라도 몇 년 안에 재개발 가능성이 높아지는 곳인지 미리 알아볼 수 있을까?"

이런 궁금증을 한 번쯤 가져보았죠? 재개발 가능성을 판단하는 데 가장 핵심적인 지표는 바로 '노후도'입니다. 전문가가 아닌 이상 노후도를 구체적으로 계산하는 건 너무 어렵지만, 초보자도 '감' 정도는 잡을 수 있는 방법이 있답니다!

물론 눈으로 대강 판단하는 방법(가시적인 판단)이 있습니다. 하지만 더 나아가볼까요? 물론 실수를 줄이려면 당연히 전문가에게 노후도 분석을 의뢰하는 것이 최선이죠. 하지만 모든 현장을 전문가에게 맡길 수는 없으니 초기 분석 단계에서 희망을 그려볼 수 있는 사이트를 소개할게요.

❶ K-GeoP(kgeop.go.kr) ― 이미 지정된 재개발 정보 확인

"이 동네 재개발된대!"

이런 소식을 듣고 직접 가보면 "아직 먼 이야기인데?" 싶은 현장이 참 많습니다.

일부 빌라업자들이 홍보용 유튜브에서 슬쩍 언급한 정보가 마치 재개발이 임박한 것처럼 퍼지기도 하죠. 어느 정도 가능성은 있겠지만, 그것만으로 재개발 가능 지역이라고 판단하기는 어렵습니다. 이럴 때 필요한 사이트가 바로 K-GeoP입니다.

❶ 사이트에 접속하면 첫 화면에서 '토지정보'를 클릭하세요.

❷ 왼쪽 위에 있는 '장소, 주소 또는 건물명 입력'에 찾고 싶은 지역이나 건물을 입력해서 검색해 보세요.

❸ '국토이용분석'을 클릭하고 다각형을 선택하세요.

❹ 마우스로 검토하려는 재개발 가능 지역을 클릭하세요. 화면의 왼쪽에서 토지, 건물 등을 선택하면 추가 정보를 확인할 수 있습니다. 예를 들어 건물을 누른 상태에서 아래쪽으로 스크롤하면 선택한 블록에 몇 년 된 건물이 어느 정도 분포해 있는지 알 수 있어요. 이 기능은 노후도를 확인할 때도 매우 유용합니다.

❷ 서울도시공간포털(urban.seoul.go.kr) – 겹지정 여부 확인

새로운 개발을 진행하기 위해서 가장 중요한 원칙 중 하나는 겹지정 금지입니다. 내가 검토하는 지역이 이미 다른 사업으로 지정되어 있다면 내가 원하는 방식으로 추진이 안 될 수도 있습니다. 예를 들어 내가 '역세권 장기전세'를 생각하고 있는데, 이미 현장에서 누군가가 가로주택정비사업이 추진 중이라면 내 희망은 물거품이 되는 것이죠. 따라서 투자하려는 지역의 겹지정 여부를 반드시 검토해야 합니다.

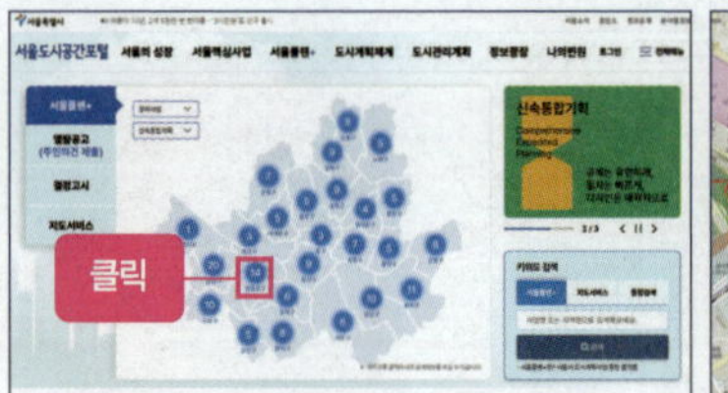

❶ 첫 화면에서 가려고 하는 구를 선택하세요.

❷ 분석하고 싶은 지역에 가서 화면의 오른쪽에 있는 범례의 각 항목에 체크 표시하면 현재 진행중인 각종 사업이 구역계로 그려집니다.

❸ 개별 필지를 클릭하면 화면의 왼쪽에서 각종 정보를 열람할 수 있습니다.

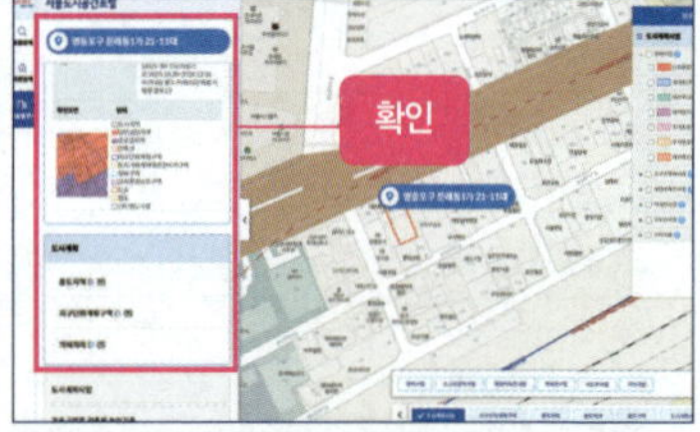

❹ 화면의 아래쪽으로 이동하면 '토지이용계획확인'과 '지구단위계획구역' 등의 정보도 볼 수 있습니다.

❺ '지구단위계획구역'을 클릭해서 고시 파일을 다운로드하면 좀 더 구체적으로 정보를 확인할 수 있습니다.

이 사이트에서 각종 도시계획과 관련된 정보를 찾아볼 수 있습니다. 물론 초보자에게는 어려운 용어가 많아요. 그러니어서 빨리 성장하셔서 단순 투자자를 넘어 전문적인 투자자가 되어보세요.

❸ S-MAP(smap.seoul.go.kr)

– 드론 영상처럼 현재 서울시의 공간 이용 상황 확인

"현재 용적률이 200%인데, 앞으로 1,000%까지 늘어난다면…… 사업성이 어마어마하게 좋아지겠죠!"

하지만 이런 용적률 숫자는 일반인에게 '감'으로 잘 다가오지 않을 수 있어요. 향후 개발 용적률은 조감도 등을 통해 알게 되어도 지금 현재 건물들이 어떻게 사용되고 있는지 확인할 필요가 있습니다. 그래야 이 동네가 앞으로 재개발될 곳인지, 아닌지를 훨씬 뚜렷하게 판단할 수 있어요. 현장에 직접 가면 바로 확

❶ 첫 화면의 왼쪽 위에 검색하려는 주소를 입력하세요.

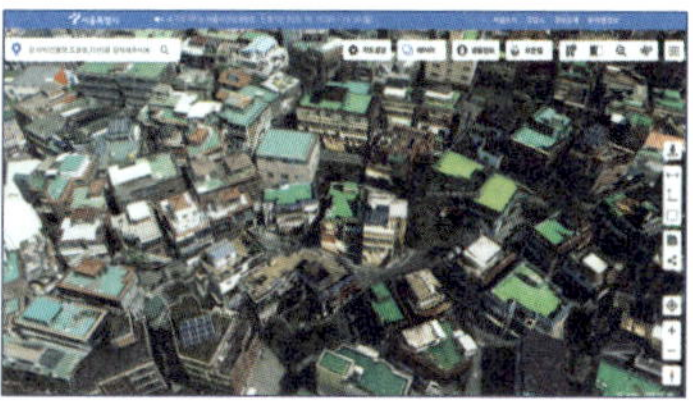

❷ 해당 지역에 가서 마우스로 이동하면 자유롭게 여러 건물을 볼 수 있습니다.

- Shift 를 누른 상태에서 마우스 휠을 돌리면 화면을 확대 및 축소할 수 있습니다.
- Shift 를 누른 상태에서 마우스 버튼을 누르고 움직이면 건물의 윗면과 측면을 볼 수 있습니다.
- Ctrl 을 누른 상태에서 휠도 움직여보고 마우스도 움직여보면 다양한 각도에서 건물의 모양을 볼 수 있습니다.
- 지적도로만 봤을 때 알 수 없었던 현재 건물의 상태, 높이 정도를 가시적으로 확인할 수 있습니다.

인할 수 있지만, 손품 단계에서도 이것을 확인할 방법이 있습니다! S-MAP은 서울시가 운영하는 사이트로, 마치 드론을 띄운 것처럼 현재 서울시의 공간 이용 상황을 입체적으로 보여줍니다.

노후도 손품 사이트 활용 시 주의 사항 – 발품 필수!

앞에서 소개한 사이트 3곳을 활용하여 해당 역세권의 노후도를 확인했는데, 다행히 조건이 맞춰져서 재개발의 희망이 보일 수 있습니다. 하지만 이것이 끝이 아닙니다. 안타깝게도 재개발 가능 지역을 검색하거나 일반인이 노후도를 편리하게 검토할 수 있을 정도로 프로그램이나 인공지능(AI)이 아직 발전하지 않아서 어느 정도는 직접 발품(손품)을 팔아야 한답니다. 따라서 재개발 가능성이 보인다면 반드시 현장을 점검해야 한다는 점을 잊지 마세요.

08 총투자금액 계산하기

재개발 투자자라면 '현재 가치'보다 '미래 가치'가 최우선!

재개발 투자는 현재의 이용 가치(살기 좋거나 임대가 잘 되거나)를 보고 투자하는 것이 아니라 오직 미래의 가치(아파트가 될 수 있는가)를 보고 투자해야 합니다.

- "이 집이 저 집보다 대지 지분이 넓고 평단가가 싸네? 무조건 이걸 사야지!"
- "이 빌라가 저 빌라보다 연식이 좋고 전용 면적이 넓어. 임대 놓기 좋으니 이걸 사자!"

이런 식의 판단은 재개발 투자의 전체 과정을 분석할 때 작은 조각에 불과합니다. 오히려 이런 분석이 독이 되는 사례도 많습니다. 현재의 매매가, 넓은 지분, 좋은 연식만을 따지는 것은 부동산 일반 거래에서는 유효하지만, 재개발 투자에서는 오히려 함정이 될 수 있어요. 다시 한번 강조하지만, 여러분은 '지금 거주할 주택'을 사는 것이 아니라 '미래의 아파트를 받을 수 있는 권리'를 사는 것임을 명심해야 합니다.

'미래 가치'는 어떻게 판단할까? – '총투자금액' 계산 훈련 필요

재개발 투자의 승패는 결국 '총투자금액'이 얼마나 적은가에 달려있습니다.

■ 재개발 투자의 총투자금액 산출식

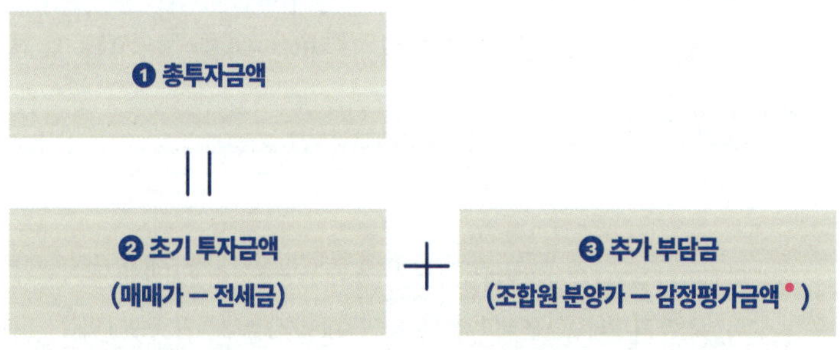

● 법적으로 감정평가금액의 합이 권리가액이 됩니다. 이때 합산되지 못하는 물건(메 권리산정기준일 이후 신축 물건) 등은 배제합니다.

❶ 총투자금액

총투자금액은 2개 이상의 물건을 비교하고 최종 선택할 때 유용합니다. 72쪽의 계산식을 거쳐 총투자금액이 가장 적게 나오는 물건을 선택하면 되는데, 이 과정이 바로 재개발 투자의 핵심입니다.

❷ 초기 투자금액

초기 투자금은 매매가에서 전세금을 빼면 되므로 쉽게 계산할 수 있습니다.

❸ 추가 부담금

추가 부담금은 조합원 분양가에서 사려는 물건의 감정평가금액을 빼면 됩니다. 먼저 조합원 분양가를 가정하려면 주변 아파트 일반분양가 수준을 고려하여 내가 받을 아파트의 조합원 분양가를 예상해 봅니다. 감정평가금액은 공시가*를 기준으로 내 물건의 감정평가금액을 보수적으로 추정합니다(🄒 공시가 대비 150%). 그리고 조합원 분양가에서 감정평가금액을 빼면 이것이 내가 현물로 내는 추가 부담금(출자금)이 됩니다.

이런 방식으로 총투자금액을 계산해 보는 훈련을 많이 한다면 좋은 물건을 싸게 고르는 안목이 생길 것입니다.

■ 물건별 총 매입금액 대비 총투자금액 비교 평가 (단위: 원)

	비교 평가		비고
	A 물건	B 물건	
매입금액	4억 3,000만	4억 8,000만	
대지 지분(m²)	12	12	
1m²당 가격	3,583만	4,000만	
전용 면적(m²)	10	10	
취득세, 등록세	473만	528만	매매가의 1.1%로 계산
법무사 비용 외 기타	100만	100만	대략
중개수수료	215만	240만	매매가의 0.5%
총매입금액	4억 3,788만	4억 8,868만	매입가＋취등록세 등
공시가	2억	1억 9,000만	주택가격공시 확인
감정평가금액(추정)	3억	2억 8,500만	공시가×150%로 추정
비례율(%)	100	100	추정
분양 기준가액	3억	2억 8,500만	감정평가액×비례율
조합원 분양가(추정)	10억	10억	84m² 기준
추가 부담금	7억	7억 1,500만	조합원 분양가－분양 기준가액
총투자금액	11억 3,788만	12억 363만	총매입금액＋추가 부담금

09 재개발 투자, 총투자금액을 미리 계산해 보자

우선 총투자금액을 계산하는 이유와 의미를 먼저 생각해 볼까요? 내가 사려는 물건에 대한 값어치의 판단은 여러 상황에 따라 변하는 경우가 많습니다. 현재의 상황을 아무리 반영해도 미래가 되면 다양한 변수가 끼어들어 가치를 높이기도 하고 낮추기도 하죠. 그래서 반드시 모든 숫자를 정확하게 맞추겠다는 것에 분석의 의미를 두는 것은 소용이 없습니다.

자, 그러면 지금 분석해 보는 이유와 의미는 무엇일까요? 바로 상대적 비교 분석을 위해서입니다. 변화할 변수들은 우선 뒤로 미루고 지금 현재의 상황의 변수만 놓고 분석한다면 적어도 2개의 물건 중, 또는 2곳의 지역 중에서 어느 물건이 좋은지, 어느 지역이 좋은지에 대한 가치를 분명하게 비교할 수 있기 때문입니다.

1 | 우선, 지역(구역) 분석이 먼저!

이때 말하는 '지역(**구역**) 분석'이란 학교가 어디에 있고, 전철역이 몇 분 거리인지 등 인터넷에 있는 여러 사실의 나열을 분석하자는 의미가 아닙니다. 우리는 '재개발'이라는 전문 분야를 다루는 만큼 해당 지역의 용적률이 몇 퍼센트(%)가 될지, 그래서 몇 가구가 건립되고, 몇 세대가 일반분양이 되며, 조합원은 몇 명이어서 개별적으로 부담금이 어느 정도 잡힐지 등을 예상하기 위해 필요한 구체적인 사업성 분석을 말합니다. 이것은 동의율과도 연관이 높아서 해당 지역이 재개발이 가능한지, 아닌지의 문제로도 연결됩니다.

한 가지 아쉬운 점은 '지역 분석' 파트는 이 책에서 다루기에는 복잡한 수식이 너무 많아 별도의 영상과 자료를 통해 설명해야 한다는 점입니다. 글로 필자의 생각과 인사이트를 읽었으면 이제 영상과 자료로 필자를 만날 차례입니다. 다음 QR 코드로 접속하여 좀 더 전문적인 학습을 진행해 보는 방법을 추천합니다.

2 | 총투자금액과 초기 투자금액 비교 분석

앞의 영상 내용대로 지역 분석이 마무리되면 이제 개별 물건을 분석해야 합니다. 재개발 지역에 있는 2개의 물건을 비교 분석할 때 가장 첫 번째로 염두에 두어야 할 것은 총투자금액으로, 같은 물건이라면 총투자금액이 적은 것을 사야 합니다.

그다음에 봐야 할 것은 초기 투자금액입니다. 총투자금액이 비슷하다면 초기 투자금액이 적을수록 좋은 매물입니다. 물론 초기 투자금액이 적다면 지분이 작은 것일 확률이 높으므로 그에 따른 아파트 배정 기준을 따져야 하는데, 이것은 별도로 필요한 분석 파트입니다. 같은 물건이어도 해당 물건을 자가가 거주할 경우, 전세를 놓을 경우, 월세를 놓을 경우 등도 고려해서 비교 분석해야 합니다. 어떤 상황이냐에 따라 에쿼티가 달라지고 수익률도 차이가 있기 때문입니다.

3 | 총부담금 계산과 프리미엄 예상 분석

그다음에는 일반분양가 예측과 조합원 분양가 예측에 따른 총부담금을 계산하고 프리미엄을 예상해야 합니다. 이 부분은 사실 지역을 먼저 분석해야 판단할 수 있습니다. 76쪽에서 소개한 지역 분석 QR 코드 영상을 통해 학습했다고 가정하고 다음 표에서 총투자금액과 예상 프리미엄을 계산해 보세요. 사실 이

■ **대출 유무에 따른 초기 투자금액 계산법** (단위: 원)

	대출받고 취득할 경우		대출 없이 취득할 경우		비고
	① 대출 후 자가	② 월대 임대 시	③ 전세 임대 시	④ 월세 임대 시	
매매가격	4억 3,000만	4억 3,000만	4억 3,000만	4억 3,000만	
대지 지분(m²)	12	12	12	12	
1m²당 가격	3,583만	3,583만	3,583만	3,583만	
전용 면적(m²)	10	10	10	10	
취득세, 등록세	473만	473만	473만	473만	매매가의 1.1%로 계산
법무사 비용 외 기타	100만	100만	100만	100만	
중개수수료	215만	215만	215만	215만	매매가의 0.5%로 계산
총투자금액	4억 3,788만	4억 3,788만	4억 3,788만	4억 3,788만	
대출 가능 금액	2억	2억	-	-	대출은 개인 사정에 따라 다름
대출이자/월	67만		-	-	이율을 5.5%로 가정
임대 보증금		1,000만	2억 2,000만	2,000만	
임대 수입/월	-	100만	-	100만	
초기 투자금액	2억 3,788만	2억 2,788만	2억 1,788만	4억 1,788만	

부분은 앞으로 경기가 좋아져서 시세가 높아지거나, 또는 그 반대 상황에 따라 달라질 수 있다는 것을 꼭 명심해야 합니다. 프리미엄 계산법에 대해서는 '부록. '일반 재개발' vs. '역세권 재개

발' 비교하기'에서 '05. 알아두면 수억 원 아낀다! 프리미엄(P) 계산법'을 참고하세요.

■ **조합원 분양가와 일반분양가의 총투자금액과 예상 시세 차익** (단위: 원)

	비용	비고
매매가액	4억 3,000만	
취득세, 등록세	473만	매매가액의 1.1%로 계산
법무사 비용 외 기타	100만	
중개수수료	215	매매가액의 0.5%로 계산
총매입비용	4억 3,788만	
대지지분(m²)	12	
전용 면적(m²)	10	
예상 공시가/m² (5년 후)	1,500만	매년 5%씩 상승 가정(현재 공시가: 212만 원/m²)
예상 권리가액	2억 5,700만	(예상 공시가×140%)+(전용 면적×50만 원)으로 가정
조합원 분양가	9억	'조합원 분양가 산출식'을 이용해 책정(QR 코드로 로그인해 좀 더 자세한 내용 참고)
추가 부담금	6억 4,300만	조합원 분양가-예상 권리가액
조합원 분양가에 대한 프리미엄(P)	1억 8,088만	총매입비용-예상 권리가액
총투자금액	10억 8,088만	조합원 분양가+조합원 분양가에 대한 프리미엄(P)
일반분양가(예상 시세)	16억	인근 시세
예상 시세차익	5억 1,912만	일반분양가-총투자금액

프리미엄(P)은 경기에 따라 변동폭이 달라집니다.

재개발 투자 전, 필수 질문 3가지

재개발 투자를 결정하기 전에 다음 3가지 질문에 스스로 답변할 수 있어야 합니다.

1. 신축 빌라 증가 속도는 안전한가?

신축 빌라가 급증하는 지역은 노후도 훼손 우려가 커서 사업이 무산될 확률이 높습니다. 만약 신축 빌라의 증가 속도가 빠르다면 피하는 것이 상책입니다(좀 더 자세한 내용은 59쪽 참고).

2. 현재 내가 투자하는 구역의 '사업 방식(룰)'은 무엇인가?

주택 재개발인지, 모아타운인지, 역세권 활성화 방식인지 등 해당 구역의 고유한 사업 방식을 완벽하게 이해해야 합니다. 재개발은 사업 방식에 따라 노후도 기준, 동의자 수 계산법 등 '게임의 룰'이 완전히 달라집니다. 따라서 재개발에 투자하기 전에 나의 투자금이 어떤 규칙(룰)을 가진 구역에 들어가려고 하는지 확인해야 합니다.

도시정비법 vs. 소규모주택정비법 비교

	사업 종류	특징 및 투자 시 고려 사항
도시정비법	• 주택정비형 재개발 • 도시정비형 재개발 ('역세권 활성화' 등)	• 가장 일반적인 대규모 재개발 방식 • 높은 동의율(75%)과 까다로운 노후도 기준이 적용됩니다. •'역세권 장기전세' 사업 등은 도로변 토지 소유자 동의율을 따로 요구하는 등 세부 규칙이 복잡합니다.
소규모주택정비법	• 가로주택정비사업 • 소규모 재건축/ 소규모 재개발 • 모아타운	• 비교적 작은 규모의 정비사업 • 최근 주목받는 '모아타운'은 여러 개의 작은 소규모 사업이 모여 하나의 큰 아파트 단지처럼 개발되는 방식으로, 일반적인 재개발과 규칙이 다르니 주의해야 합니다.

3. 내 물건의 '총투자금액'을 계산하는 훈련이 되어 있는가?

이제까지 설명한 것처럼 단순히 매매가나 지분 평단가만 보지 말고 구역 전체 사업성을 분석하여 나의 추가 부담금을 추정하고 반드시 최종 총투자금액을 계산하는 능력을 갖춰야 합니다.

초기 투자금은 적게! 추가 부담금은 늦게!

평당 단가가 싸다고 다 좋을까?

재개발 투자 물건을 고를 때 가장 많이 하는 실수는 평당 단가가 싼 물건을 고르는 것입니다. 일반적으로 크기가 큰 땅은 평당 단가가 낮아지는데, 이런 땅을 사면 당장 상추나 콩을 심어 곧바로 수확하려는 현재 이용 가치 개념에 매몰되어 있다고 볼 수 있습니다. 현재 이용 가치만 본다면 당연히 땅이 넓어야 많이 수확할 테니까요. 하지만 좋은 재개발 투자는 확실하게 권리 확보*를 하면서 나중에 추가 부담금을 내는 것이 핵심입니다.

---

* 권리 확보는 재개발 구역마다 기준이 달라서 아파트 배정 기준(조합원 분양 대상 규정 학습 필요)을 이해해야 합니다. 권리 확보가 되지 않는 물건은 '물딱지'라고 합니다.

A와 B 물건이 시장에 나왔다고 가정해 봅시다. 2개의 물건 모두 권리 확보가 되었고 투자금액만 다른데, 어떤 물건을 골라야 할까요?

퀴즈 **물건 A와 B 각각 총투자금액이 10억 원인 경우 어떤 물건이 더 이득일까?**

- **물건 A**: 초기 투자 1억 원+나중에 9억 원 추가 부담
- **물건 B**: 초기 투자 9억 원+나중에 1억 원 추가 부담

정답 **물건 A – 초기 투자금액이 적은 게 무조건 좋다!**

이 경우 물건 A가 무조건 유리합니다. 초기에 1억 원만 넣고 권리를 확보해 둔 상태에서 나중에 낼 9억 원은 인플레이션 등으로 인해 원화 가치가 떨어져서 실제적 부담이 줄어들 수도 있기 때문입니다. 물론 초기 1억 원만으로도 충분히 재개발 권리가 확보된 물건이어야 합니다.

소형 물건일수록 평당 단가가 비싼 이유

위와 같은 이유로 재개발에서는 총투자금액을 비교할 때 소형 물건이 유리한 경우가 많습니다. 감정평가금액이 아무리 낮아도 아파트를 받을 수 있는 분양 대상 물건(권리 확보)이라면 총투

자금액이 작은 물건이 무조건 좋기 때문이죠.

대부분의 시·도 조례에서는 조합원이 분양 대상의 권리가 있다면 국민주택 규모(84m²) 이상을 주도록 하고 있습니다. 이것은 무허가 뚜껑•이라도 그렇습니다.

■ 대지 지분 1평 vs. 10평 평당 매입가 사례

(단위: 원)

물건 종류	가(1평)	나(2평)	다(3평)	라(4평)	마(5평)	바(6평)	사(7평)	아(8평)	자(9평)	차(10평)
총투자금액	9억	9억	9억	9억	9억	9억	9억	9억	9억	9억
평당 매입가	4억 1,000만	2억 1,000만	1억 4,333만	1억 1,000만	9,000만	7,667만	6,714만	6,000만	5,444만	5,000만
초기투자금액 (매입가)	4억 1,000만	4억 2,000만	4억 3,000만	4억 4,000만	4억 5,000만	4억 6,000만	4억 7,000만	4억 8,000만	4억 9,000만	5억
추가 부담금 (청산금)	4억 9,000만	4억 8,000만	4억 7,000만	4억 6,000만	4억 5,000만	4억 4,000만	4억 3,000만	4억 2,000만	4억 1,000만	4억
분양가	5억	5억	5억	5억	5억	5억	5억	5억	5억	5억
분양 기준가액	1,000만	2,000만	3,000만	4,000만	5,000만	6,000만	7,000만	8,000만	9,000만	1억
비례율	100%	100%	100%	100%	100%	100%	100%	100%	100%	100%
권리가액	1,000만	2,000만	3,000만	4,000만	5,000만	6,000만	7,000만	8,000만	9,000만	1억
평당 감정가	1,000만	1,000만	1,000만	1,000만	1,000만	1,000만	1,000만	1,000만	1,000만	1,000만
대지 지분 (평)	1평	2평	3평	4평	5평	6평	7평	8평	9평	10평

대지 지분 1평 vs. 10평 평당 매입가 사례입니다.
물건을 사기 전에 꼭 비교해 보세요.

● **무허가 뚜껑**: 토지 소유권 없이 건축물(건물 부분)만 소유하고 있는 무허가 건축물을 의미합니다. 재개발에서는 무허가 뚜껑 물건 소유자에게도 분양권을 주므로 매수자가 존재합니다.

아파트를 받을 수 있는 1평짜리 물건을 초기 투자금 4억 1,000만 원에 사서 추가 부담금 4억 9,000만 원을 내면 총투자금액은 9억 원입니다. 반면 10평짜리 물건을 초기 투자금 5억 원에 사서 추가 부담금 4억 원을 내도 총투자금액이 9억 원이죠. 하지만 1평짜리 물건의 초기 투자금이 적으므로 더 좋은 물건입니다.

이런 원리 때문에 큰 땅(예 100평)을 싸게 사서 작은 땅(예 10평)으로 쪼개 파는 '신축 쪼개기'가 발생하는 것입니다. 이렇게 총투자금액을 낮춘 소형 물건을 많이 생산하여 큰 수익을 남길 수 있기 때문입니다.

■ **총투자금액 대비 최고의 선택 vs. 최악의 선택 비교** (단위: 원)

물건 종류	가(1평)	차(10평)
총투자금액	9억	9억
평당 매입가	4억 1,000만	5,000만
초기 투자금액(매입가)	4억 1,000만	5억
추가 부담금(청산금)	4억 9,000만	4억
분양가	5억	5억
분양 기준가액	1,000만	1억
비례율	100%	100%
권리가액	1,000만	1억
평당 감정가	1,000만	1억
대지 지분(평)	1평	10평

용적률 높고, 조합원 적고, 권리 확보되는 소형 물건이 최고!

미래 가치 판단은 단순히 '5년 후 아파트 가격이 50억 원이 될 것'이라고 예측하는 '5년 후의 현재 가치 판단'이 아닙니다. 시점을 5년 후로 옮긴다고 해서 미래라고 봐서는 안 되고 지금부터 미래까지 가는 과정을 읽는 것이 미래 가치 판단입니다.

따라서 지금부터 5년 후까지의 과정에서 발생하는 '금융 이자+각종 비용'을 함께 고려해야 합니다. 그리고 단순 평단가가 아닌 해당 부지에 건축할 수 있는 용적률을 살펴보아야 합니다. 그래야 사업성이 확보되니까요. 또한 조합원 수도 면밀하게 살펴보아야 합니다. 이 좋은 사업성을 몇 명의 조합원이 나눠 가질지 결론이 나야 최종 사업성이 예측되니까요. 따라서 용적률은 높고 그것을 나눠 가질 조합원 수가 적을수록 가장 좋은 지역이고 그 지역에 권리가 확보되면서 가장 작은 물건이 최상의 물건입니다.

'물딱지' 거르기

조합원이 새 아파트를 받는 것은 '자격'인가, '대상'인가?

재개발 투자의 핵심은 헌 집을 주고 새 아파트를 받는 것입니다. 따라서 여러분이 산 헌 집이 과연 새 아파트를 받을 '자격(라이선스)'이 있는지 파악하는 게 매우 중요합니다. 조합원이 새 아파트를 받는 '자격'은 입주권이나 분양권과는 차원이 다른 이야기입니다. 보다 정확한 표현은 아파트 받을 '대상(요건)'인지, 아닌지를 따지는 게 맞습니다. '자격'은 사람에게 해당되는 이야기니까요.

재개발에서 새 아파트를 주고 안 주고는 재개발되기 전에 소유자가 가지고 있던 물건의 속성으로 판단합니다. 즉 내가 가지고 있는 물건이 새 아파트로 바뀔 수 있는 대상인지 알아야 한다는 뜻이죠. 새 아파트를 받을 수 없는 물건은 '물딱지'라고 하는

데, '물딱지'를 사면 현금청산이 될 수 있으니 주의해야 합니다.

역사를 알면 재개발이 보인다 – 환지 = 관리처분?

재개발 사업이 복잡하게 느껴진다면 그것은 오랜 역사 속에서 개념이 계속 발전해 왔기 때문입니다. 여기서 잠깐 '환지(換地)'란 개념을 살펴볼까요? 환지는 옛날 옛적 '토지구획정리사업'으로, 재개발의 아주 오래된 뿌리에 해당합니다. 어수선한 모양의 퍼즐 조각들(옛 땅)을 반듯하고 깔끔한 모양의 새 퍼즐 조각들(새 땅)로 '추첨'을 통해 바꿔주는 사업이었죠. 하지만 국가가 돈이 없어 서류상으로만 구획을 정리해 두고 민간에게 "알아서 지으세요!"라고 그냥 맡기는 경우가 많았다는 것이 문제였습니다. 서류상 권리는 ❶로 옮겨졌는데, 실제로는 ❺에 살고 있는 혼란이 발생했고, 이것이 나중에 재개발될 때 '옛날 권리(❺)를 인정할 것인가, 서류상 권리(❶)를 인정할 것인가?' 하는 복잡한 문제가 발생했습니다.

세상이 바뀌고 모두 아파트를 원하면서 땅을 땅으로 바꾸는 평면적인 방식(환지)이 헌 집(옛 권리)을 새 아파트(새 권리)로 바꾸는 입체적인 방식(입체환지)으로 발전했습니다.

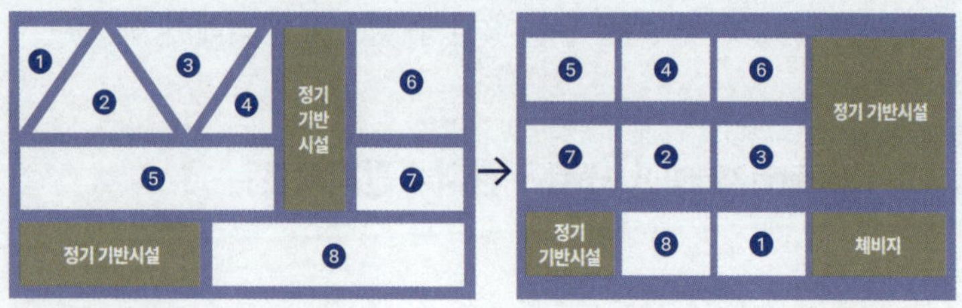

평면적인 환지 방식

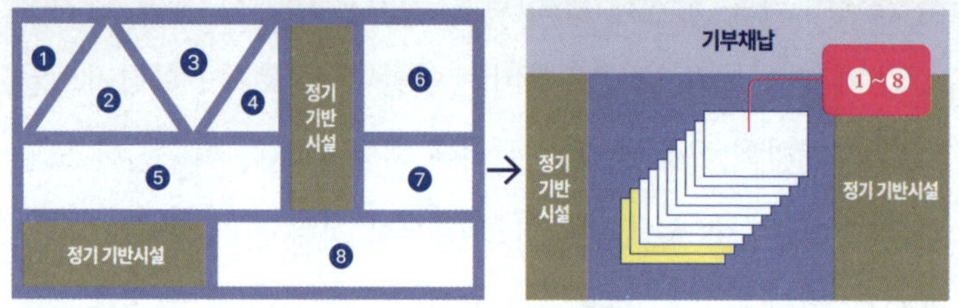

입체적인 환지 방식

입체환지는 현재에 와서 '관리처분'이라고 부릅니다. 말 그대로 국가(**지자체**)가 소유자의 옛 물건과 새 물건을 '관리'하여 바꿔주는 '처분'을 약속하는 행위입니다. 따라서 재개발 투자는 이 '관리처분'에 따라(**또는 관리처분의 룰에 따라**) 국가의 약속을 믿고 옛 물건을 사는 행위인 셈입니다.

결국 '분양 자격'보다 '분양 대상'이 중요한 이유

2003년도부터 재개발 사업에서 아파트를 받는 기준에 대한 용어를 좀 더 명확하게 사용하고 있습니다. 그 이전에는 '분양 자격'이라는 단어를 썼어요. 이것은 마치 운전면허(**라이선스**)처럼 '이 사람이 아파트를 받을 권한이 있나?'를 보는 느낌이 강했습니다.

하지만 2003년부터 현재에 이르기까지 공식적으로 '분양 대상'이란 표현을 쓰기 시작했는데, 사람이 아니라 재개발되기 전에 소유자가 가지고 있던 '물건 자체의 속성'을 보는 것이 중요하기 때문입니다. 즉 '이 헌 집**(물건)**이 새 아파트로 바뀔 만한 요건을 만족하는가?'를 따지는 것이죠. 이것은 물건을 보는 개념이지만, 그 물건을 소유한 사람에게 영향을 미치므로 일정 부분 '자격'의 의미도 남아있다고 볼 수 있습니다.

재개발 vs. 재건축 조합원 기준의 결정적인 차이

재개발과 재건축은 겉모습은 비슷해 보여도 아파트를 주는 근본적인 기준이 다릅니다. 이것들은 마치 형제처럼 보이지만, 성격은 완전히 다른 두 사업이라고 생각해야 합니다. 재개발은

■ **재개발 vs. 재건축 조합원 자격 기준 비교**

	재개발	재건축
조합원 기준	토지 등 소유자 (토지 또는 건축물 소유자)	토지 및 소유자 ● (건축물 및 그 부속 토지 소유자)
쉬운 설명	땅만 있어도, 건물만 있어도, 둘 다 있어도 조합원	건물과 그 밑의 땅을 반드시 함께 소유해야 조합원

● **'토지 및 소유자'의 함정**: 과거 재건축에서는 건물만 가진 사람들이 편법으로 지역 안에 있는 작은 땅을 N분의 1로 나누고 소유하여 조합원 자격을 얻으려고 했습니다. 이러한 폐해를 막기 위해 현재의 법령은 '건물과 그 부속 토지'로 명시가 바뀌었으므로 재건축에 투자할 때는 토지와 건물을 함께 가지고 있는지, 함께 가지고 있다면 그 건물 밑의 땅인지를 반드시 확인해야 합니다. 외형이 비슷하다고 재개발 물건으로 착각해서는 안 됩니다.

땅과 건물 중 '하나만 소유'해도 조합원으로 인정합니다. 하지만 재건축은 건물과 그 밑의 '땅을 모두 소유'해야 조합원으로 인정합니다.

재개발 물건 구입 전에 확인할 서류 – 등기부등본 vs. 건축물대장

재개발 물건은 상황에 따라 '관리처분계획 기준일/관리산정 기준일'을 기준으로 그 이전에 완성된 물건을 소유해야 새 아파트를 받을 권리가 생깁니다. 이것은 등기부등본과 건축물대장, 이렇게 2가지 서류로 확인할 수 있는데, 간혹 이들 서류가 일치하지 않을 때는 무엇을 봐야 할까요?

재건축은 건물과 그 밑의 땅을 반드시 소유해야 조합원 권리가 생기지만, 재개발은 땅과 건물 중 하나만 있어도 조합원 권

■ 재개발 물건을 구입하기 전에 확인해야 할 서류

확인 서류	관리 기관	주요 내용	분양 대상 판단 시 중요도	비유
등기부등본	국가	소유권 등 권리 관계	• 공유 지분 등의 비율을 볼 때 • 원인일, 접수일 확인	'이 집의 주인'이 누구인지 증명
건축물대장	지방자치단체	면적, 구조 등 물건의 현황	• 땅 없이 건물만 소유해도 조합원가능	'이 집이 실제로 어떻게 생겼는지' 증명

리를 인정합니다. 이때 물건의 요건(현황)을 보는 것이 중요하므로 건축물대장을 먼저 살펴보아야 합니다. 건축물대장은 건물의 '사용 승인'을 기준으로 만들어집니다.

등기부등본은 권리 관계를 나타내는데, '원인일'과 '접수일'이라는 날짜를 주의해서 봐야 합니다. 원인일은 물건이 나에게 넘어온 실제 원인 발생일(예 상속 개시일 등)을, 접수일은 그 원인을 가지고 법원에 접수한 날짜를 뜻합니다. 우리나라는 등기에 공신력이 없어서(판사가 등기 변경의 원인을 꼼꼼히 심사하지 않음) 원인일을 보는 것이 맞습니다. 하지만 대부분의 재개발 지역조례에서는 특이하게도 접수일을 중시하도록 명시한 경우가 많습니다. 다만 법원의 판례는 원인일을 더 중시하므로 투자할 때는 조례와 판례의 충돌 가능성을 염두에 두어야 합니다.

물딱지를 가르는 관리처분계획 기준일/관리산정 기준일

재개발 투자에서 가장 중요한 것은 언제 사느냐보다 그 물건의 법 기준점이 언제 있었느냐인데, 그 법의 기준점이 바로 관리처분계획 기준일/관리산정 기준일입니다. 이 날짜는 상황에 따라 '이날 이후에 생긴 물건, 투자한 물건은 새 아파트를 줄 때 인정하지 않는다.'고 못 박는 기준점입니다.

관리처분계획 기준일은 사업시행계획인가 후 조합원들의 '분양 신청 기간'이 통지되는데, 그 기간이 만료되는 날이 관리처분계획 기준일이 됩니다. 이와 별도로 권리산정 기준일은 지역마다 따로 고시합니다. 따라서 현장에 가서는 공인중개사에게 "기본 계획이 났나요? 권리산정 기준일이 있나요?"를 반드시 물어보고 투자해야 합니다. •

조합설립인가 이후 '다물건' 매수 금지!

재개발 투자를 코인처럼 생각하고 유행에 따라 움직이는 투자자들에게는 보이지 않는 '숨겨진 난제'가 있습니다. 그중에서도 가장 치명적인 복병이 바로 '다물권자'와 '다물권 세대'에 대한 규정입니다. 이 복잡한 규정을 제대로 이해하지 못하면 내가 분명히 조합원인데도 아파트를 못 받는 일이 발생합니다.

다물권은 왜 문제가 되나?

재개발 및 재건축 지역에서 내 권리가 위험해지는 2가지 경우를 먼저 이해해야 합니다.

- **다물권자**(한 사람): 한 사람이 재개발 하나의 구역 안에 여러 개의 물건을 가지고 있는 경우
- **다물권 세대**(한 가족): 한 세대(가족)가 같은 구역 안에 여러 개의 물건을 가지고 있는 경우

재개발 사업에서는 아무리 한 사람이 여러 채의 집을 가지고 있어도 특정 시점 이후부터는 그 사람을 '하나의 조합원'으로 취급하여 최종적으로 아파트 1채만 배정합니다. 다물권 세대도 마찬가지의 위험을 안고 있습니다.

구청도 헷갈린 규정, 대법원 판결로 끝났다

과거에는 이 다물권 규정에 대한 해석이 워낙 복잡하고 구청마다 달라서 투자자들 사이에 논란이 많았습니다. 법제처의 해석이 다르고(현재도 다른 해석이 실려있음), 구

청마다도 해석이 다르며, 심지어 다른 투자 전문가들의 해석도 달랐습니다. 하지만 최근 대법원 판결을 통해 이 규정에 대한 해석이 명확하게 확정되었으므로 이제 더 이상 인터넷에 떠도는 잘못된 해석에 휘둘릴 필요가 없습니다. 핵심은 단 하나, '언제부터 이 규정이 적용되는가?'를 정확하게 아는 것입니다.

투자의 마지노선 – 조합설립인가 이후는 금지 구역!

다물권자나 다물권 세대가 가진 물건을 매입할 때 가장 주의해야 할 시점, 즉 투자의 마지노선이 있습니다. 재개발, 재건축 지역에서 '조합설립인가'가 난 이후에 거래된 물건은 다물권 규정의 적용을 받아 매수한 사람도 다물권자로 취급되어 아파트 배정에서 제외되거나 여러 사람과 합산되므로 주의해야 합니다. 만약 당신이 이 규정을 피하고 여러 개의 입주권을 받고 싶다면 애초에 다물권 물건을 건드리지 않거나, 적어도 조합설립인가 이전 단계의 물건에만 접근해야 합니다. 따라서 이 단계만 피한다면 불필요한 위험을 피할 수 있습니다.

재개발 투자에서는 좋은 입지를 찾는 것만큼이나 사업의 각 단계에서 숨겨진 '법적 복병'을 피하는 것이 중요합니다. 그리고 긴 안목으로 법적 난관을 차근차근 짚어가는 능력을 키운다면 결이 다른 부자가 될 수 있습니다.

300개 넘는 서울시 역세권 중 재개발 가능성을 예측한다면?
(ft. 재개발 이익 관계 피라미드)

재개발 투자, 로또가 아닌 과학이 되려면?

재개발 투자는 단순히 부동산의 가격 변동에 운을 거는 행위가 아니라 도시 구조와 정책의 흐름을 읽고 구조적인 가치를 창출하는 전문적인 사업입니다. 재개발 투자는 돈을 버는 방식에 따라 극명하게 '시세 차익 투자'와 '가치 창출 투자', 이렇게 2가지 유형으로 나뉘는데, 이들 2가지 방식의 차이를 정확하게 이해하는 것이 곧 투자의 성패를 가르는 첫걸음입니다.

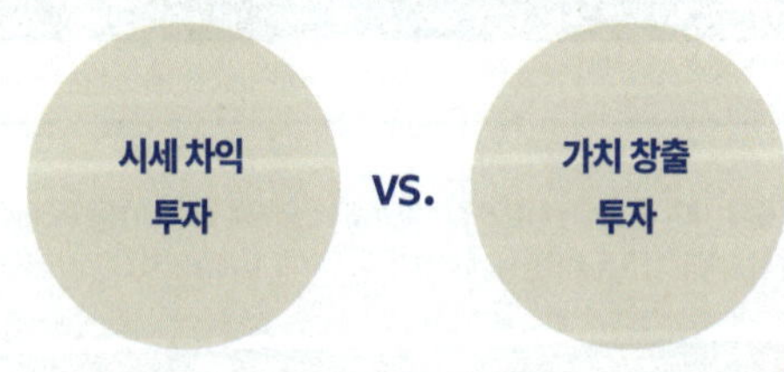

필자가 지향하는 것은 '가치 창출 투자(개발이익 추구)'입니다.

재개발 투자 유형 ❶ 시세 차익 투자

일반 투자자들은 흔히 시세 차익 투자 방식을 선택하는데, 이것은 본질적으로 '눈치게임'에 가깝습니다. 특정 기업의 내재적 가치를 분석하는 가치 창출 투자 방식과 달리 이 방식은 오직 사람들의 거래 동향을 읽어 투자합니다.

"노량진에 사람들이 많이 간다."
"한남동에 투자가 몰린다."

이런 소문을 듣고 가격이 오를 수밖에 없다는 원리에 기대는 것입니다. 이것은 주식 시장에서 추세선(30일선, 60일선)을 보고 투자하는 것과 유사하고 대중의 움직임 패턴을 시간 단위로 끊어 추종하는 행위입니다. 이러한 투자는 유동성을 기반으로 막연한 기대에 운을 거는 방식으로, 이 책에서는 이러한 추세 추종 전략을 성공의 경로로 제시하지 않습니다.

재개발 투자 유형 ❷ 가치 창출 투자

진정한 전문가나 사업을 주도하는 이들이 추구하는 방식은 가치 창출 투자입니다. 이들은 시세 차익을 노리는 것을 넘어 부동산의 순수 가치를 객관적으로 판단하고 그 가치를 직접 만들어내 수익을 창출합니다. 이미 재개발 지역으로 지정된 곳이 아닌 미래에 지정될 지역을 찾아 재개발 지역이 되게 만드는 능력을 가지고 있습니다.

가치 창출 원리는 간단합니다. 재개발 예정지 중 저평가되어 있는 구역을 찾아냅니다. 예를 들어 해당 지역이 장기적으로 상업용지나 고밀도로 개발할 수 있는 입지여도 현재 2종 주거지역이나 3종 주거지역으로만 지정되어 있다면 이것은 크게 저평가된 상태입니다. 이 경우 투자자는 단순히 시세가 오르기를 기다리는 것이 아니라 직접 개발률을 끌어올리고**(용적률 상향, 종상향 등을 통해)** 가격을 직접 만들어가는 투자를 실행합니다. 이렇게 가치를 창출하면 시장 유동성이 변덕을 부리는 것이 아니라 지역에 근본적인 개발 가치가 반영된 결과로 나타납니다.

이것은 단순히 10억 원짜리 아파트가 12억 원이 되는 기대를 넘어서는 수준입니다. 결국 정책의 흐름과 현장의 움직임을 파악하여 사업 그 자체를 진행해나가는 것이 목표입니다. 그리고 비정형적인 초과 이익은 바로 규제적 가치**(용적률, 종상향)**의 변동을 직접 통제하는 데서 발생합니다. 숨은 개발 가치를 읽어 시세 차익을

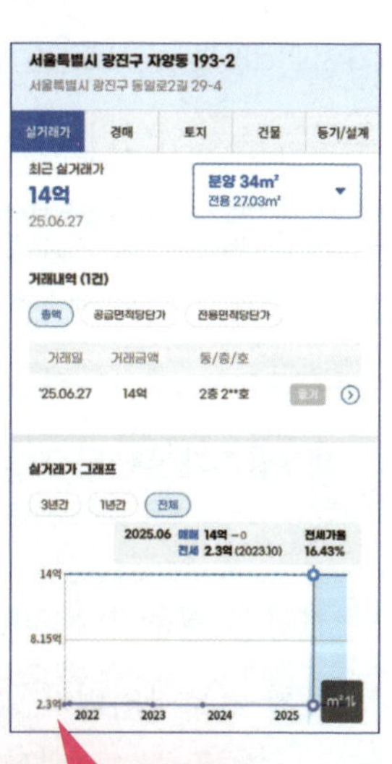

과거 2억 원에 매입했던 물건이 최근 14억 원까지 상승한 사례. 이것은 단순 시세 차익에 의한 상승이 아니라 개발 호재에 따라 급상승한 사례임(개발 가치 반영)

넘어서는 투자를 하는 것입니다.

재개발 이익 관계 피라미드와 돈의 흐름

재개발 사업에서 누가 돈을 버는지, 그리고 그들의 움직임이 왜 중요한지를 이해하려면 사업 참여자들의 계층 구조와 그들 사이의 돈의 흐름을 파악해야 합니다. 재개발 이익 관계 피라미드는 자본력뿐만 아니라 '통제력'과 '정보력'이 계층을 결정하는 구조입니다. 간혹 수강료 몇십만 원에 중요한 정보력을 요구하는 회원들이 있어 당혹스럽습니다. 이 경우 수익 창출의 기본은 정보력에 있지만, 그 근본적 가치는 통제력에 있다는 것을 회원들에게 설명하면 이해하곤 합니다.

피라미드에서 상위층일수록 사업의 진행 여부나 방향을 통제하는 핵심 칼자루(**동의율이나 시행자 지위**)를 쥐고 있는 경우가 많습니다. 이것은 바로 단순한 시세 차익을 추구하는 밑단(**일반 투자자**)의 자본보다 훨씬 가치 있는 요소임을 시사합니다.

이 피라미드 구조는 일반 투자자(**밑단**)가 추구해야 할 핵심 전략을 명확히 제시합니다. 바로 핵심 지역에 투자하여 가장 최최상위층인 토지 등 소유자/조합원이 되는 것입니다. 따라서 주변에 있는 일반 투자자들의 동태를 살피는 수평적인 '눈치게임'을 멈추고 이 피라미드 위에서 사업을 움직이는 사람들(**신축업자, 정비사업 전문 관리업체, 신탁사 등**)의 동태를 수직적으로 파악하는 것이 중요합니다. 재개발 사업의 초과 이익을 이해하려면 피라미드 상위층이 어떻게 사업의 구조적 가치를 설계하고 통제하는지 구체적으로 분석해야 합니다.

■ 재개발 이익 관계 피라미드의 구조

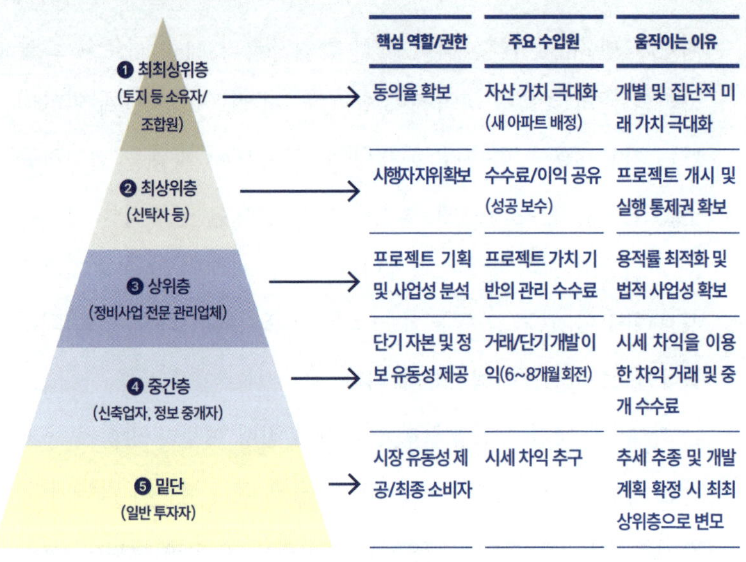

	핵심 역할/권한	주요 수입원	움직이는 이유
❶ 최최상위층 (토지 등 소유자/조합원)	동의율 확보	자산 가치 극대화 (새 아파트 배정)	개별 및 집단적 미래 가치 극대화
❷ 최상위층 (신탁사 등)	시행자 지위 확보	수수료/이익 공유 (성공 보수)	프로젝트 개시 및 실행 통제권 확보
❸ 상위층 (정비사업 전문 관리업체)	프로젝트 기획 및 사업성 분석	프로젝트 가치 기반의 관리 수수료	용적률 최적화 및 법적 사업성 확보
❹ 중간층 (신축업자, 정보 중개자)	단기 자본 및 정보 유동성 제공	거래/단기개발이익(6~8개월 회전)	시세 차익을 이용한 차익 거래 및 중개 수수료
❺ 밑단 (일반 투자자)	시장 유동성 제공/최종 소비자	시세 차익 추구	추세 추종 및 개발 계획 확정 시 최최상위층으로 변모

❶ 최최상위층 – 토지 등 소유자/조합원

토지 등 소유자, 즉 조합원은 '자산 소유자'라는 점에서 가장 높은 계층에 위치합니다. 이들은 종종 수동적으로 힘을 발휘하지만, 동의율을 쥐고 있다는 결정적인 영향력을 가지고 있습니다. 이들이 주도성을 가지려면 단순한 수동적 매수자, 눈치게임의 게이머에서 벗어나 사업의 진행 방향에 목소리를 낼 수 있도록 정보에 밝은 조합원으로 빠르게 전환해야 합니다.

❷ 최상위층 – 신탁사 등

신탁사는 민간복합**(민복)**사업에서 '시행자 지위'라는 가장 큰 칼자루를 쥐고 있습니다. 신탁사가 주도하는 사업은 전문적이고 신속하게 진행됩니다. 신탁사를 시행자로 선정하면 단순히 행정 업무를 위임하는 것을 넘어 조합원 간의 갈등이나 소송 등 전통적인 리스크를 통제하여 사업을 확실하게 실행할 수 있게 만듭니다. 따라서 투자자 입장에서 신탁사가 시행자로 선정되는 것은 프로젝트의 실행 리스크가 제거되고 통제권이 중앙 집중화되었음을 확인하는 강력한 신호입니다. 특히 '**(민간)**도심복합사업'●의 경우에는 일반 재개발과 달리 조합 방식이 아니어서 신탁사와의 협업이 필수입니다.

❸ 상위층 – 정비사업 전문 관리업체

재개발 사업에서 정비사업 전문 관리업체**(PM, P&B, 이하 정비업체)**는 단순한 행정 보조자가 아닙니다. 이들은 재개발 사업의 금융공학자이며 재개발 사업을 만들어가는 주체입니다. 이들의 역할은 부동산의 순수 가치를 계산하고 그 가치를 극대화하도록 사업 구조를 설계하는 것입니다. 정비업체의 임무는 크게 다음 2가지로 나뉩니다.

● (민간)도심복합사업에 대해서는 214쪽을 참고하세요.

❶ 사업성 검토와 최적화(용적률 분석, 토지 등 소유자 설득)

❷ 행정 절차 대행(조합설립 동의 및 인가 신청, 사업시행계획인가 신청, 관리처분계획 수

립 대행)

정비업체가 진행하는 행정 절차 중에서 '관리처분계획'은 최종적으로 어떻게 이익을 분배하고 자산을 평가할지 결정하는 단계입니다. 이 과정은 정비업체가 설계하므로 사실상 재개발의 재무적 결과를 설계하는 중심에 있다고 볼 수 있습니다.

다음은 정비업체의 주요 기능과 성과, 그리고 법적 근거에 대해 정리한 표입니다.

■ **정비업체(PM)의 전략적 가치 창출 기능**

기능 영역	핵심 성과물	프로젝트 가치 영향	관련 법적 근거
규제 최적화	용적률 및 사업성 종합 분석	밀도와 구조적 수익성 극대화	
재무 전략	관리처분계획 수립 대행	소유자를 위한 최종 수익 배분 및 자산 가치 분석	도시 및 주거환경 정비법(도시정비법, 도정법)
사업 개시 통제	조합설립 동의 및 신청 대행	사업 개시 확정 및 법적 절차 준수 보장	
조달 및 관리	설계자 및 시공자 선정 지원	경쟁 입찰 유도 및 건설 비용 최적화	

정비업체의 역할은 '도시 및 주거환경정비법(도시정비법, 도정법)'에 의해 엄격히 규정되고 시·도지사에게 등록을 허가받고 업무를 대행하거나 자문할 수 있습니다. 간혹 '○○컨설팅'이나 '○○PM'이라는 이름으로 등록하지 않고 활동하는 경우에는 도정법 위반으로 처벌될 소지가 있습니다.

❹ 중간층 – 신축업자, 정보 중개자(유튜버, 중개업자)

중간층 플레이어들은 사업의 실행보다는 단기적인 유동성이나 정보 흐름을 통해 수익을 창출하는데, 시장의 진정한 의도를 파악하려면 이들의 활동을 반드시 이해해야 합니다.

■ 신축업자

신축업자는 단기 차익을 실현하기 위해 움직이는데, 재개발이 어려운 지역이나 규제의 틈새를 공략하여 단기간(**예 6~8개월**)에 큰돈을 벌기도 합니다. 이들은 재개발 사업을 가능하게 만들기도 하지만, 과도할 경우에는 문제가 되는 '계륵(**'닭의 갈비'라는 의미. 큰 필요는 없으나 버리기는 아까운 것**) 같은 존재'입니다. 신축업자가 공격적으로 활동한다는 것은 해당 지역이 단기적으로 큰 수익을 확보할 수 있는 잠재 가치를 식별했다는 신호로도 해석됩니다. 시장 유동성이 아직 이 가치를 완전히 반영하지 못했을 때 이들은 위험을 감수하고 해당 지역을 선점하는 것입니다.

■ 정보 중개자(유튜버, 중개업자)

정보 중개자는 재개발 물건을 사고파는 중개 영역에서 수익을 창출하고 시장에 유동성을 제공하는데, 일반 투자자는 이들의 말을 맹목적으로 믿고 호구가 되어 낚이면 안 됩니다. 오히려 투자자는 유튜버의 콘텐츠를 보고 '아, 이 사람들이 지금 뭘 하려고 하는구나!' 하고 반대로 파악해야 돈을 벌 수 있습니다. 특정

지역의 복잡한 법적, 재무적 측면을 단순화하거나 공격적으로 홍보하는 영상이 쏟아져 나올 수 있습니다. 이 경우에는 상위 계층(정비업체, 초기 투자자, 신축업자)이 이제 막대한 유동성을 공급해 줄 최종 소비자로서의 밑단인 일반 투자자들에게 출구 유동성을 확보하려고 한다는 신호로 활용해야 합니다.

재개발 사업의 상위층 동향을 파악해야 큰돈을 번다!
(ft. 서울시 등 정책 당국, 정비사업 전문 관리업체, 신탁사, 조합)

먼저 자신의 주변 동태나 일반 시장 동향이 아니라 재개발 이익 관계 피라미드 위에서 움직이는 신탁사, 정비사업 전문 관리업체(정비업체), 그리고 정책 결정권자들의 움직임에 초점을 맞춰야 합니다.

가치 창출의 원천 인식

재개발 이익의 비약적인 상승은 시장 유동성이 아닌, 정비업체(PM)가 주도하는 용적률 극대화, 종상향, 그리고 관리처분계획 설계 능력에서 발생합니다. 투자자는 정비업체(PM)의 사업성 보고서와 정책 연계 조건을 재무예측서처럼 해석해야 합니다.

가치 창출의 핵심은 토지의 현재 용도 지정이 그 토지가 도달할 수 있는 최대 용도(종상향)를 심각하게 저평가하고 있는 규제 차익 지점을 찾는 것입니다. 만약 2종 주거지역이나 3종 주거지역이지만, 명확한 정책적 경로(**역세권, 정책연계시설 도입**)를 통해 상업용지나 준주거용지 수준의 밀도로 개발될 잠재력을 가지고 있다면 비범한 수익을 창출할 준비가 된 자산으로 볼 수 있습니다.

피라미드 상층부 해독

시장의 잡음(**중간층의 미디어 활동**)에 신경 쓰는 대신 신탁사(**최상위층**)의 시행자 지위 확보 여부, 조합설립을 위한 움직임, 정책 당국(**서울시 등**)의 종상향 인센티브 조건과 같은 상위층의 전략적 움직임을 읽어내야 합니다.

특히 역세권 개발과 연계된 준주거지역으로의 종상향 기회를 주목해야 합니다. 예를 들어 지하철역 승강장 경계로부터 250m 이내(**위원회 결정에 따라 최대 350m까지 완화 가능**)에 위치하는지, 그리고 일자리 창출이나 돌봄시설 같은 필수적인 시 정책 연계시설을 도입할 수 있는지 등을 확인하는 것은 단순한 시장 분석이 아니라 정책을 예측하는 분석입니다.

리스크의 정량화

종교시설의 위치나 기존 아파트 비율과 같은 구조적 요소를 단순히 참고 사항으로만 보지 않고 사업 속도와 비용에 영향을 미치는 '마찰 비용'으로 정량화하여 투자 후보군을 체계적으로 필터링해야 합니다.

감정이나 소문에 의해 주도적으로 투자가 결정되어서는 안

됩니다. 돈이 되는 포인트는 더하고 돈이 안 되는 포인트는 빼가면서 잠재적 후보군을 다른 구역과 비교 분석하는 엄격한 과정을 거쳐야 합니다. 이렇게 체계적으로 접근한다면**(임장, 물건 분석)** 일반 투자자가 피라미드 밑단**(일반 투자자)**의 추종자 역할에서 벗어나 사업성을 분석하는 상위층의 전문가처럼 행동할 수 있게 됩니다.

우리의 궁극적인 목표는 스스로 재개발 전문가가 되어 시장의 속임수가 아닌 구조적 가치를 바탕으로 내집마련 갈아타기 투자 포인트를 콕 집어낼 수 있는 능력을 갖추는 것입니다. 이러한 과정을 통해 일반 투자자는 비로소 피라미드의 가장 밑에 깔려있는 최종 소비자**(밑단)**의 역할에서 벗어나 사업을 진행하고 수익 창출을 주도하는 조합원**(최최상위층)**이 되는 경로를 완성할 수 있게 됩니다.

13 왕초보를 위한 '역세권 재개발' 투자 체크리스트

사업별로 법령이 다르다는 것을 인지하자

재개발 시장에는 '신통기획', '모아타운', '역세권 재개발' 등 수많은 이름의 사업이 있습니다. 모든 재개발 사업은 서로 다른 법과 규칙, 운영 규정을 따르고 있는데, 이 차이를 모른다면 사기꾼의 의도에 쉽게 휘둘려서 말 그대로 '호구'가 되고 맙니다. 따라서 투자자 스스로 각 사업의 장단점을 객관적으로 비교하고 실전에 들어가 물건의 가치를 검증할 수 있도록 나만의 '투자 체크리스트'를 꼭 만들어야 합니다.

재개발은 하나의 룰이 아닙니다. 고스톱을 치는 사람이 포커의 룰을 따르지 않듯이 사업마다 근거하는 법령이 다르고 근거 법령이 모든 규칙을 결정합니다. 따라서 어떤 사업이든 가장 먼저 "이 사업이 근거하는 법령은 무엇입니까?"라고 질문해야 합니다. 법이 다르면 다음의 모든 비교 항목이 달라집니다.

■ 역세권 재개발 사업별 관련 법령과 주의 사항

사업 종류(예시)	근거 법령(규칙)	주의할 점
모아타운	소규모주택정비법	• 도시 및 주거환경정비법(도시정비법, 도정법)이 아닌 소규모정비사업법으로 진행합니다. • 기본 계획과 정비구역 지정 절차가 없습니다.
은평뉴타운(과거)	도시개발법	• 도정법에 의한 재개발이 아니었습니다. • 과거에 재개발인 줄 알고 투자한 사례가 많았습니다. • 재개발과 도시개발사업은 아파트 배정 기준이 다릅니다.
역세권 재개발 ❶ 역세권 장기전세 ❷ 역세권 활성화 ❸ 역세권 소규모 재개발 ❹ 도심복합사업	도시정비법 및 각 사업별 운영 규정	• 도시정비법에 의한 재개발이지만, 그 앞에 각 사업별 운영 규정이 있어서 해당 규정을 잘 읽어야 합니다. •'역세권 소규모 재개발'은 소규모 정비 사업법을 따릅니다. •'도심복합사업'은 법령을 별도로 규정합니다.

재개발 사업마다 근거하는 법령이 무엇인지 최우선 순위로 찾아보세요.

'역세권 재개발' 투자 체크리스트 5가지

사업의 성패와 리스크를 판단하려면 다음 5가지 항목을 기준으로 모든 사업 방식을 비교 분석해야 합니다. 이들 항목을 통해 해당 사업이 '속도'를 낼 수 있는지, '돈'이 확보되었는지, '위험'이 없는지를 판단할 수 있습니다. 관련 항목에 대해 많이 공부하고 현장을 더 많이 탐방할수록 체크리스트 기준은 늘어나지만, 초보자라면 우선 이 정도 기준은 파악하고 접근해야 합니다. 또한 5가지 체크리스트 항목별 세부 내용도 꼼꼼하게 잘 기억해야 합니다.

<'역세권 재개발' 투자 체크리스트 5가지>

❶ 사업 주체와 시작 권한 – 누가 사업을 주도하는가?

❷ 사업 속도와 자금 확보 – 돈은 어디서 오는가?

❸ 분양 자격과 권리 확보 – 내 집은 안전한가?

❹ 사업 안정성과 위험성 – 사업이 멈출 위험이 있는가?

❺ 개발 이익과 특혜 – 얼마나 더 받을 수 있는가?

❶ 사업 주체와 시작 권한 – 누가 사업을 주도하는가?

항목	설명	중요성
요구, 요청, 제안의 권한	사업을 시작하자고 요구, 요청, 제안할 수 있는 주체(LH, SH, 토지 등 소유자, 신탁사 등)가 있는가?	• 조합원(토지 등 소유자)이 주도하는지, 공공기관이 주도하는지에 따라 사업 속도와 이익 배분이 달라집니다.
지정 권한	최종적으로 사업을 확정하고 지정하는 권한이 누구에게 있는가?	• 구청이나 시청 등 행정기관의 권한이 강하면 더 투명하고 빠른 절차로 진행할 수 있습니다. • 단 구청에서 결정되어지느냐, 시청까지 가야 하느냐는 속도에서 차이가 납니다.
구역계 설정 및 단계별 동의율	구역계에 따른 주민 동향을 파악하고 단계별 동의율 조건을 확인했는가?	• 구역계를 어떻게 그릴 수 있느냐에 따라 동의율도 함께 변합니다. • 사업별 동의율도 서로 달라 속도가 다릅니다.

❷ 사업 속도와 자금 확보 – 돈은 어디서 오는가?

항목	설명	중요성
기본 계획 수립 여부	사업을 시작할 때 반드시 기본 계획과 구역을 수립해야 하는가? 또는 건너뛸 수 있는가?	사업을 건너뛸 수 있다면 하나의 절차가 줄어들어 사업 속도가 빨라집니다.
시공사 선정 시기	시공사를 언제 뽑는지(사업 초반, 중반, 후반) 확인했는가?	시공사가 일찍 선정되면 시공사의 '마중물(사업 초기 자금)'이 투입되어 사업 추진자금 확보에 유리합니다.

❸ 분양 자격과 권리 확보 – 내 집은 안전한가?

항목	설명	중요성
권리산정 기준일	아파트 입주권을 받을 권리가 확정되는 기준일이 언제인지 확인했는가?	• 기준일 이후에 '쪼개기' 등으로 새로 생긴 물건은 입주권을 받을 수 없으므로 투자의 안전 마지노선을 결정합니다.
조합원 분양 신청 제한	조합원 아파트 분양 신청을 언제까지 제한하는지 확인했는가?	• 투기과열지구 지정 여부를 확인합니다.
조합원 분양 자격 판단	조합원 아파트 배정 자격은 어떻게 되는지 확인했는가?	• 재개발과 재건축은 기준이 다르다는 것을 확인합니다. • 지역별로 다른 기준을 확인합니다.
조합원 지위권 양도	언제까지 사고팔 수 있는지 확인했는가?	• 투기과열지구 제한 사항을 확인합니다.

❹ 사업 안정성과 위험성 – 사업이 멈출 위험이 있는가?

항목	설명	중요성
세입자 대책 유무	상가 및 주택 세입자에 대한 대책이 있는가?	• 상가 세입자가 10년의 계약 갱신권을 주장할 경우 세입자 대책이 없는 사업은 철거 자체가 불가능하여 수년간 중단될 수 있습니다. • 세입자 대책 유무는 사업의 안정성과 직결됩니다.
수용권 및 매도 청구 유무	사업을 반대하는 소유자를 강제로 철거하거나 수용할 수 있는 권한이 있는가?	• 사업 반대자가 사업 진행을 방해할 때 강제적인 수용권이 있어야만 사업이 좌초되지 않고 속도를 낼 수 있습니다.

❺ 개발 이익과 특혜 – 얼마나 더 받을 수 있는가?

항목	설명	중요성
용적률 혜택	법정 용적률보다 추가로 얼마나 더 높게 지을 수 있는가? 예 2단계 종상향	용적률 혜택은 곧 일반분양 물량 증가로 이어져서 조합원 부담금을 낮추는 가장 확실한 방법입니다.
임대아파트 건설 여부	임대아파트를 의무적으로 지어야 하는가?	임대아파트를 지어야 한다면 용적률을 추가로 받더라도 그만큼 일반분양 수익이 줄어들어 수익성에 영향을 줍니다.

모든 항목을 스스로 채워넣는 훈련을 한다면 여러분은 단순한 투자자가 아니라 현장을 꿰뚫어보는 전문가가 될 수 있습니다. 그러므로 남이 주는 정보에 휘둘리지 않고 자신만의 기준으로 성공적인 투자를 결정하는 것이 중요합니다.

첫째 마당

서울시 역세권 재개발 최강투자

'역세권 장기전세' 실전 투자 사례

(ft. 신대방역 신대방동 600번지 일대)

01 '역세권 장기전세'로 가면 1,500억이 남는다고?
(ft. '일반 재개발' 대비 시뮬레이션)

수치로 확 와닿게 비교해 보자 – 조합원 부담금

'역세권 재개발'이 좋다는 건 알겠는데, 얼마나 좋은 건지 구체적인 숫자로 비교해 보면 정말 드라마틱하게 차이가 납니다. 교통의 편리함, 주변 여건과의 환상적인 조합 등 숫자로 표현할 수 없는 요인은 제외하고 숫자로만 그 가치를 소개하겠습니다.

'일반 재개발'이 경차라면 '역세권 재개발'은 고급 세단을 넘어 스포츠카로 업그레이드되는 것과 같습니다. 가상의 A 현장을 두고 '일반 재개발'과 '역세권 재개발'(여기서는 '역세권 장기전세') 사업장이 있다고 가정했을 때 조합원들이 이득을 체감할 수 있는 지표인 조합원 부담금을 비교해 보겠습니다. •

• 독자들의 이해를 돕기 위해 전문적인 수치는 최대한 단순화했습니다. 숫자가 정밀하지 않을 수 있지만, '가치 상승의 원리'와 '부담금 절감 효과'를 실감 나게 보여주는 데 중점을 두었습니다.

■ **A 현장의 기본 스펙**

	상세 내용	비고
토지 면적	1만 평	
현재 용도지역	제2종 일반주거지역	일반적인 재개발 환경
현장 가치	(평균) 1,000억 원	
사업 총지출	2,000억 원	공사비, 사업비 등 가정
일반분양가(예상)	평당 3,000만 원	일반적인 시장 상황 가정

'일반 재개발' 조합원 부담금 – 총 500억 원 추가 예상

A 현장을 '일반 재개발'로 진행하면 최종적으로 딱 본전 또는 조금의 이득을 보는 정도로 나옵니다. 중간에 공사비 등을 충당하려면 조합원들은 '500억 원'을 직접 주머니에서 꺼내야 하는데, 이 금액은 준공 후 매매가 될 시점이면 회수될 것으로 보입니다.

■ **'일반 재개발' 조합원 부담금 상황**

	상세 내용	숫자 비교	체감 효과
용적률	법정 기준 최대치 적용	250%	딱 법이 허용하는 '기본'
연면적 **(총건설 가능 면적)**	1만 평×2.5	2만 5,000평	아파트 약 500세대 (30평 기준)
일반분양 수입	전체 세대 중 30% 가정	1,500억 원	기본 수익 수준
조합원 총부담금	사업 총지출 2,000억 원 – 일반분양 수입 1,500억 원	500억 원	조합원 부담금 – 1인당 약 1억 원씩

'역세권 장기전세' 조합원 부담금 – 총 1,000억 원 이득(환급 예상)

A 현장을 '역세권 장기전세' 방식으로 재개발 사업을 진행하면 총사업비를 충당하고도 '1,000억 원'이 남습니다. 이 1,000억 원은 조합원들에게 환급금으로 돌아가고 이 사업장은 부담금 제로(0)를 넘어 추가 이익을 안겨줍니다.

■ '역세권 장기전세' 조합원 부담금 상황

	상세 내용	숫자 비교	체감 효과
용적률	3종 일반주거지역이 되면 → 최대 500%까지 상향 가능	450%로 가정	와우! 1.8배 점프!
연면적 (총건설 가능 면적)	1만 평 × 4.5	4만 5,000평	아파트 약 900세대 (30평형 기준)
추가 면적 활용	늘어난 면적의 50%를 '장기전세'로 기부채납(나머지는 일반분양)	장기전세 1만 평	시에 공공기여
일반분양 수입	전체 세대 중 50% 가정, 용적률 증가로 세대수 2배 가까이 증가	3,000억 원	수익이 2배로 껑충!
조합원 총부담금	사업 총 지출 2,000억 원 – 일반분양 수입 3,000억 원	−1,000억 원	1,000억 원이 남아!

'일반 재개발' vs. '역세권 장기전세' 수익성 비교 요약

'일반 재개발'이었다면 500억 원을 내야 했을 조합원들이 '역세권 장기전세' 덕분에 부담금이 0원이 되거나 오히려 수익금을 되돌려받게 되는 1,500억 원의 마법이 일어납니다. 이 마법의 핵심은 용적률 인센티브를 통해 수익성(**사업성**)을 압도적으로 개선하는 데 있습니다.

만약 이 사업장이 다른 역세권 재개발(**'역세권 소규모 재개발'**, **'역세권 활성화' 사업**, **'도심복합사업'**)로 진행된다고 해도 인센티브의 높낮이와 기부채납 형태만 다를 뿐 앞에서와 같은 용적률 인센티브를 통한 사업성 극대화 원리는 똑같이 적용됩니다.

■ '일반 재개발'과 '역세권 장기전세'의 가치 차이 비교 총정리

	일반 재개발	역세권 장기전세	가치 차이
용적률	250%	450%	180% 상승(거의 2배)
총분양 수입	1,500억 원	3,000억 원	2배 상승
조합원 총부담금	500억 원 (조합원이 냄)	−1,000억 원 (오히려 돈이 남음)	1,500억 원의 격차!

이번에는 대상지 면적이 2만 9,790평에 250% 용적률인 B 현장이 있다고 가정해 봅시다. 이곳을 '역세권 장기전세'로 재개발할 때 시뮬레이션 결과는 다음과 같습니다.

■ B 현장 '역세권 장기전세' 시뮬레이션 결과

	수치	비고
대상지 면적	2만 9,790평	
기준 용적률	250%	현재 제3종 일반주거지역
(패키지) 허용 용적률	450%	시프트 공급＋22세기 미래형 주거환경 조성을 위한 주요 정책 적용
① 공공시설 부지 기부채납 비율	7.5%	1단계 종상향 시 기부채납률(15%)－시프트 제공 부지로 대체(7.5%)
② 기부채납할 부지 면적	2,234평	총면적×기부채납률(7.5%)
기부채납 후 대상지 면적	2만 7,556평	총면적－기부채납할 부지 면적
상한 용적률	500%	공공시설 부지 기부채납 시 적용 가능 용적률
③ 시프트 건립 용적률	100%	(허용 용적률－기준 용적률)의 1/2
④ 분양주택 건립 용적률	400%	상한 용적률(500%)－시프트 용적률(100%)
⑤ 시프트주택 건립 총가구 수	252세대	기부채납 후 대지 면적×100%/109m²
⑥ 분양주택 예정 총가구 수	1,009세대	기부채납 후 대지 면적×400%/109m²
⑦ 임대주택 건립 가구 수	107세대	역세권 시프트 미적용할 때와 동일
조합원 분양 가구 수	180세대	총조합원 수: 180명
⑧ 일반분양 가구 수	722세대	총분양 가구 수(1,009세대)－임대주택(107세대)－조합원 수(180세대)
일반분양률	80.9%	일반분양 가구 수/(총분양주택 건립 가구 수－임대주택 가구 수)

‘역세권 장기전세’로 가면 용적률 상향으로 총세대수는 ‘일반 재개발’에 비해 거의 2배가 되고 일반분양 물량도 크게 늘어납니다. 임대 아파트인 장기전세 형식으로 공공기여의 아픔(?)이 있지만, 사업성이 좋아지는 건 확실합니다.

■ ‘역세권 장기전세’ vs. ‘일반 재개발’ 주택 수의 차이

	역세권 장기전세	일반 재개발	차이
총 건립 가구 수	1,261세대	629세대	632세대
시프트 • 주택 가구 수	252세대	×	252세대
분양주택 총 가구 수	1,009세대	629세대	380세대
임대주택 • 가구 수	107세대	107세대	동일
조합원 분양 가구 수	180세대	180세대	동일
일반분양 가구 수	713세대	342세대	371세대
일반분양률	80%	68%	12%

‘역세권 장기전세’ 사업의 총세대수는 약 2배 증가!
공공기여의 의무를 이행해야 하지만 사업성 자체는 압도적!

● **시프트와 임대주택의 차이** : 시프트(SHift)는 서울시와 SH공사가 공급하는 장기전세주택 브랜드. 전세 형식이어서 보증금(시세의 80%)만 내고, 월세는 없으며, 최장 20년까지 거주할 수 있습니다. (공공)임대주택은 정부, 지자체, 공공기관(LH, SH) 등이 무주택 서민을 위해 공급하는 모든 주택을 말하는데, 시프트도 임대주택의 한 종류입니다. (공공)임대주택은 대부분 보증부 월세이고, 시프트보다 저렴하며, 2년(행복주택), 10년, 50년, 영구 등 유형이 다양합니다. 주요 대상층은 시프트가 중산층 무주택자인 반면, 임대주택은 저소득층 및 서민입니다.

02 '역세권 재개발'은 모두 명품! 하지만 짝퉁도 주의!

법적 허점을 노리는 기회주의자들

재개발 투자는 명품에 투자하는 것과 같습니다. 특히 '역세권 재개발'은 명품 중에서도 최상위 명품입니다. 하지만 모든 명품에는 짝퉁이 있듯이 재개발 시장에도 그럴싸하게 포장된 가짜들이 판을 칩니다.

'재개발'이라는 명품 무대에 서려면 공식적으로 '추진위원회(추진위)'라는 합격증이 필요합니다. 일정 비율 이상의 토지 및 건물 소유자의 동의와 지자체의 승인이라는 까다로운 심사를 거쳐야 하죠. 하지만 '짝퉁'들은 이러한 공식 무대가 아니라 백스테이지를 노립니다. 바로 '추진준비위원회(추준위)'라는 간판입니다.

'추진위'와 '추준위'를 구별할 것!

추준위는 말 그대로 준비 중인 단체일 뿐, 법적인 자격 요건도, 등록이나 심사 절차도 없습니다. 마치 흰 가운을 입고 예비 의사라고 자칭하는 셈입니다.

A라는 현장은 현실적으로 재개발이 불가능하지만, 추준위가 뜨면 재개발이 임박한 것처럼 분위기가 바뀝니다. 노후도 미달, 종상향 불가 등 규제 요건 때문에 사업 추진이 아예 불가능하지만, 추준위는 간판을 내걸고 사무실을 얻습니다. 심지어 주민설명회까지 열고 그럴싸하게 포장합니다.

재개발 초기는 정보 비대칭이 가장 심한 시기이고 법적 지위가 없는 추준위가 만들어지는 경우가 많습니다. 재개발 예정지랍시고 허위 홍보를 하는 구조는 규제의 허점을 이용한 전형적인 짝퉁 제조 방식입니다. 하지만 순진한 일반 투자자들은 진짜 사업과 짝퉁을 구분하기 어렵습니다.

짝퉁 재개발을 홍보하는 유튜브 채널을 조심하자

특히 요즘 유튜브 채널은 짝퉁 재개발 세력들의 주요 활동 무대가 됩니다. 물론 제 주변에는 '진짜 전문가' 유튜버들도 많습니다. 하지만 안타깝게도 명품보다는 가짜에 사람들의 시선이 끌리는 법입니다. 짝퉁 세력들은 재개발을 잘 모르는 사람들의 (호구) 동향을 파악하고 높은 시세로 자신들이 미리 매입해 둔 물건을 팔아넘기려고 합니다. 마치 낚시꾼이 고기를 미끼로 해서 물고기를 유인하듯 희망 고문을 미끼로 던지는 것이죠.

가짜가 판을 친다는 것 = '명품'이라는 증거!

이 모든 짝퉁의 난동은 역설적으로 '역세권 재개발'이 그만큼 탐나는 명품이 되었다는 것을 의미합니다. 특히 서울시 역세권 재개발에 투자하고 싶다는 사람들이 점점 많아지고 있어요. 하지만 부디 이 점을 기억하세요. 그들이 아무리 멋진 포장지로 둘러싸도 그 속의 알맹이가 '규제 요건 미달'이라는 썩은 사과라면 결국 투자금은 묶이고 손해를 볼 수밖에 없다는 사실을요. 물론 몇백 년 후? 언젠가는 재개발이 될 수도 있겠죠. 인플레이션에 섞여 가격이 올라가는 착시현상이 일어나지만, 흐지부지되는 일이 많으니 주의해야 합니다.

여러분들은 가짜 세력에게 속아 호구 대열에 합류하는 일이 없도록 철저하게 공부하고 꼼꼼하게 지역을 분석하는 방법으로 접근하기를 바랍니다. 참고로 이 책에서 언급한 일부 지역은 폄하하려는 목적이 아니고 가짜 추진 세력을 경계하기 위해 예로 든 것이므로 이해하기를 바랍니다.

추준위(추진준비위원회)인지, 추진위(추진위원회)인지 확인하자. ⓒ포인트데일리

03 '역세권 재개발' 대상지, 나도 찾아볼까?

서울시 기준에 맞춰 보물찾기 시작!

사업성이 좋아서 랜드마크가 될 정도이면 '역세권 재개발'이 가능할 것입니다. 하지만 재개발 대상지는 아무 데나 정해지는 것이 아닙니다. 서울시가 정한 아주 까다롭고 흥미로운 기준을 마치 보물찾기 지도처럼 정리해 보겠습니다.

'역세권 재개발'을 하려면 먼저 지하철 및 국철, 경전철역 근처여야 합니다. '역세권 장기전세'를 비롯해서 '역세권 활성화', '역세권 소규모 재개발', '도심복합사업' 모두 마찬가지입니다.

● '역세권 재개발' 사업에 지정되려면 '개통 예정'으로 그쳐서는 안 되고 '개통 확정'이어야 합니다. 하지만 개통 예정인 역 중에서 사업계획이 승인되면 대상지 후보에 포함됩니다.

대상지 조건 ❶ 1차 역세권에서만 또는 2차 역세권에서만 각각 점유할 것

대상지를 살펴볼 때 역세권 기준이 통과되어야 하는데, 54쪽에서 살펴본 것처럼 역세권은 크게 2개의 구역으로 나뉩니다. •

- **1차 역세권(찐 초역세권)** : 역 승강장 경계로부터 350m 이내
- **2차 역세권(넓은 역세권)** : 역 승강장 경계로부터 350m 초과~500m 이내

'역세권 장기전세' 사업은 여기서 사업 대상지 전체가 1차 역세권이나 2차 역세권 중 하나의 구역 안에 쏙 들어가야 한다는 것이 중요합니다. 즉 1차 역세권은 1차 역세권끼리, 2차 역세권은 2차 역세권끼리만 점유해야 합니다. 서울시 운영 기준에는 이것을 '각각'의 역세권이라고 표현하는데, 그 의미를 놓쳐서 구역계를 잘못 그려오는 경우가 많습니다.

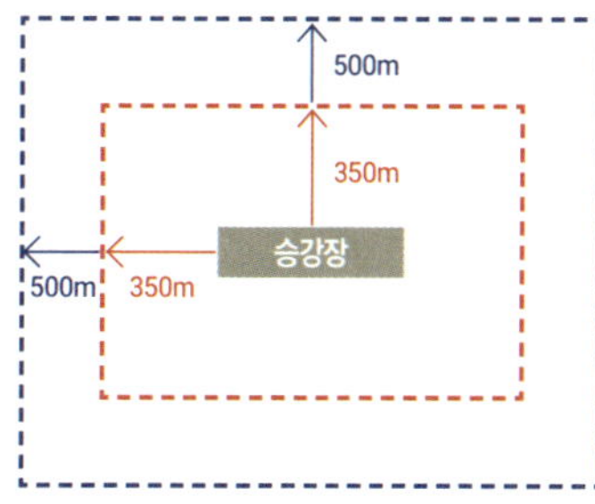

1차 역세권과 2차 역세권 구분

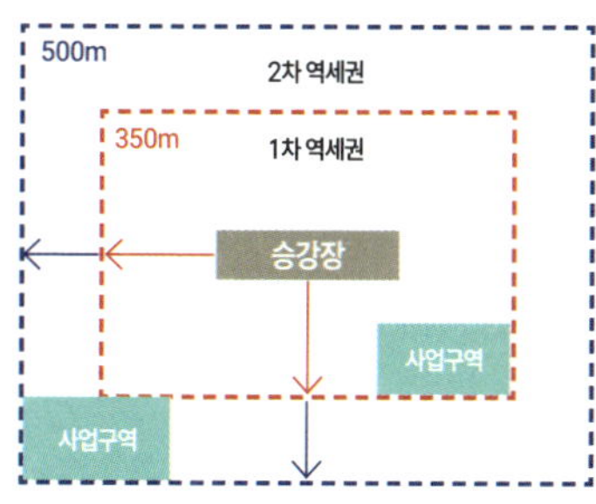

'각각' 역세권 안에 구역계를 그려야 대상지 후보가 됨

대상지 조건 ❷ 재개발 가능한 용도지역이어야 할 것

'역세권 장기전세'가 가능한 용도지역은 미리 정해져 있습니다. '주거지역'은 저층 주거지라면 대부분 해당되고 '준공업지역'과 '보존구역'도 일정 요건이 충족되면 가능합니다. • '준공업지역'은 공장 비율이 10% 미만의 주거 밀집지역이어야 하고 '보존구역'은 존치관리구역에서만 가능합니다.

- **주거지역**: 제2종 일반주거지역(7층 이하 포함), 제3종 일반주거지역, 준주거지역 가능
- **준공업지역**: 공장 비율이 10% 미만이고 주거 기능이 밀집된 곳만 가능
- **보존구역**: 주거지역, 준공업지역 중 존치관리구역도 가능

대상지 조건 ❸ 규모와 노후도를 충족할 것

재개발 사업을 시작하려면 면적과 노후도(낡은 정도)가 기준을 넘어야 합니다. 면적과 노후도는 '준비마당. 서울시 역세권 재개발 기본기'에서 다루었는데, 여기서는 '역세권 장기전세'를 중심으로 대상지 조건을 살펴보겠습니다.

먼저 면적은 3,000~20,000㎡ 이하, 세대수는 100세대 이상이

• 준공업지역에서 용적률이 300%로 상향되는 법에 대해서는 128쪽을 참고하세요.

어야 합니다.

노후도의 경우 지구 단위 기준은 20년 이상 된 건물이 절반을 넘어야 하고 정비계획 기준은 30년 이상 건물이 60%이고 150㎡ 미만 필지가 40% 이상 또는 2층 이하 건물이 50%여야 합니다. 재개발과 밀접한 정비계획 기준에 따라 10년 이내 신축 건물이 15% 이상이면 대상지에서 제외됩니다. 하지만 주변 환경이나 효율적인 토지 이용을 위해 관련 위원회가 인정하는 경우 완화되거나 포함될 수 있습니다. 결국 입지별로 각각의 기준을 통과해야 '역세권 장기전세'로 주택을 지을 수 있는 땅으로 인정받게 되는 것이죠.

■ '역세권 장기전세' 대상지 선정 기준 총정리

	조건	비고
사업 면적	3,000~20,000m² 이하	특별계획구역은 2,400m² 이상, 관련 위원회가 인정할 경우 30,000m² 이하까지 가능
세대수	100세대 이상	공공주택 세대수 포함
건물 노후도 (지구단위계획)	20년 이상 된 건물이 전체의 1/2 이상	지구단위계획은 '국토의 계획 및 이용에 관한 법률' 근거(도시계획 목표)
건물 노후도 (정비계획)	30년 이상 된 건물이 60% 이상이고 150m² 미만 필지가 40% 이상 또는 2층 이하 건물이 50% 이상	정비계획은 '도시 및 주거환경정비법' 근거 (개발 사업 목표)

용적률 상향이 적용된 대상지 여부가 중요

역세권 재개발은 대상지 요건도 중요하지만 용적률 상향도 중요합니다. 특히 '역세권 장기전세'는 높아진 용적률에서 절반을 공공임대로 기부채납하는 것이니 용적률 인센티브를 받지 못하면 현실적으로 사업성이 떨어져서 대상지가 되지 않을 것입니다. 용적률 인센티브는 받지 못한 채 대상지만 가능하다고 판단하여 필자에게 추진해 달라고 찾아오는 지역 주민 의뢰인들이 많으므로 참고하세요.

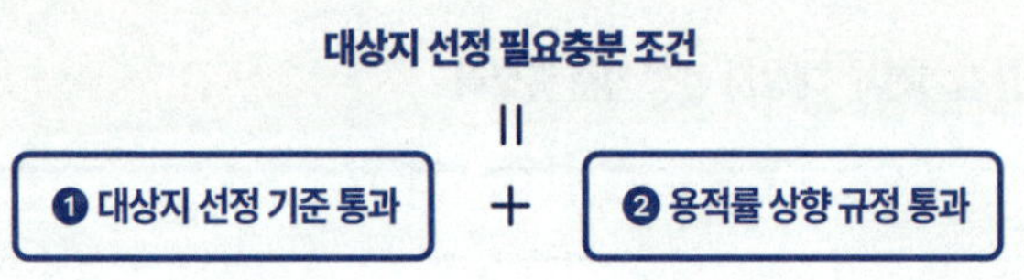

역세권이어도 '역세권 재개발' 사업에서 제외되는 땅은?

역세권이라도 모든 땅이 재개발 대상지가 되는 건 아닙니다. 역사 보존이나 저층 주거지를 보호하기 위해서 제외되는 곳이 있는데, 이런 지역은 '역세권 재개발'이 불가능합니다.

- 역사 및 문화, 옛 정취 보존이 필요한 성곽 주변 등 특성화 지역
- 전용 주거지역, 제1종일 반주거지역, 구릉지 연접부 등 보존이 필요한 지역

04 '역세권 장기전세' 용적률을 확 끌어올리는 마법의 비밀
(ft. 1차 역세권 준주거지역)

1차 역세권 준주거지역 - 용적률 최대 700%까지 가능

재개발 대상지에 해당된다고 무조건 재개발이 진행되는 것은 아닙니다. 무엇보다 용적률을 추가로 받을 수 있는지의 여부가 핵심인데, 용적률은 땅 면적 대비 건물을 얼마나 높게 지을 수 있는지 나타내는 비율을 말합니다. 기존 용적률보다 훨씬 더 높은 '상한 용적률'이나 '법적 상한 용적률'을 받으면 사업성 뻥튀기(?)가 가능하죠.

결론부터 말하면 '1차 역세권 준주거지역'이 최고 재개발 대상지입니다. 1차 역세권 준주거지역은 역 승강장 경계로부터 350m 이내이고 용도지역이 준주거지역이어야 합니다. 특히 도심, 광역 중심, 지역 중심 같은 '중심지 역세권'[•]이라면 관련 위원회 심의를 거쳐 최대 700%까지 용적률을 높일 수 있습니다.

■ 지역별 용적률 기준

	일반적인 지역 (例 제3종 일반주거지역)	1차 역세권 준주거지역
기존 용적률(기준)	250%	400%
최대 상한 용적률(지구단위계획)	300%	최대 700%
최대 법적 상한 용적률(정비계획)	300%	최대 700%

용적률 보너스를 받는 비밀 ❶ 공공기여

이렇게 용적률이 높아진다고 무조건 재개발이 되는 게 아닙니다. 조합원이 용적률을 높여서 얻는 이익의 일부를 서울시와 나누는 '공공기여'를 해야만 재개발을 할 수 있습니다. 우리가 지금 살펴보는 '역세권 장기전세' 사업에서 공공기여는 장기전세주택으로 제공하는 게 원칙인데, 용적률이 높아진 만큼 늘어난 공간(**완화된 용적률**)의 최소 1/2 이상은 반드시 장기전세주택으로 서울시에 제공해야 하는 방식입니다. 예를 들어 용적률이 200%에서 400%로 200% 늘었다면 이 200%의 절반인 100% 이상은 반드시 장기전세주택을 지어야 합니다.

[•]　기능별 역세권 유형에 대해서는 30쪽을 참고하세요.

용적률 보너스를 받는 비밀 ❷ 착한 건축

용적률 인센티브를 받으려면 단순히 높이만 올리는 게 아니라 서울시 주거환경 정책을 준수하고 서울시가 바라는 '미래 지향적인 착한 아파트'를 지어야 하는데, 세부 내용은 다음과 같습니다.

■ 착한 건축을 하기 위한 필수 항목

필수 항목	내용
지속 가능형 공동주택	리모델링이 쉽거나 오래 쓸 수 있는 '장수명 주택'으로 지어야 합니다.
친환경 건축물	서울시 녹색건축물 설계 기준에 맞춰 환경 및 에너지 등 2가지 이상 부문을 상향 적용해야 합니다.
역사문화 보존	사업지에 문화재나 문화유산이 있으면 이것을 잘 보존하는 계획을 반영해야 합니다.

용적률 보너스를 받는 비밀 ❸ 그 밖의 조건

'역세권 장기전세' 사업에서 최대 용적률은 700%까지로, 이렇게 용적률을 끌어올리기 위해서는 다음 2가지 특별 조건이 모두 필요합니다.

[조건 1] 간선도로변(20m 이상 도로) 또는 역사 출입구에 1m 이상 인접

[조건 2] 진입도로를 최소 폭 8m 이상 확보

여기에 추가 점수까지 받으려면 활성화 항목이 필요합니다. 예를 들어 장기전세주택을 60% 이상으로 더 많이 제공하거나, 지하철 출입구나 환기구를 사업부지 안으로 옮기는 등 역세권 환경을 개선하거나, 대지 면적의 20% 이상을 광장 같은 열린 공간으로 조성하면 추가 점수를 받을 수 있습니다. 결론적으로 '역세권 장기전세'는 조합에게는 더 높게 지을 수 있는 기회를, 서울시는 더 많은 장기전세주택을 확보하는 기회를 제공하는 윈-윈(win-win) 전략인 셈입니다.

준공업지역에서도 용적률 300% 상향 가능

준공업지역도 '역세권 장기전세' 사업을 통해 용적률이 상향될 수 있습니다. 124쪽에서 준공업지역 중에서도 공장 비율이 10% 미만인 주거 밀집지역은 사업 대상지가 될 수 있다고 설명했습니다. 만약 이런 대상지 요건에 잘 맞는다면 준공업지역의 기준 용적률 250%에서 상한 용적률 또는 법적 상한 용적률을 적용하면 1차 및 2차 역세권 모두 최대 300%까지 용적률이 상향될 수 있습니다.

준공업지역의 상한 용적률은 다른 용도지역과 달리 서울특별시 도시계획조례 중 '제50조 제2호'에 따라 산출됩니다. 다른 용도지역과 마찬가지로 상향된 용적률(300%-250%=50%)의 1/2 이상은 장기전세주택으로 공급해야 합니다.

1차 및 2차 역세권별 용적률

(단위: % 이하)

	현재 용도지역	변경 후 용도지역	기준 용적률	상한 용적률 (지구단위계획)	법적 상한 용적률 (정비계획)
1차 역세권	준공업지역	준공업지역	250	300	300
2차 역세권	준공업지역	준공업지역	250	300	300

05 동작구의 변신!
'신대방역 역세권 장기전세'
프로젝트

초역세권이어서 고밀도 개발 가능!
'역세권 시프트'에서 '역세권 장기전세'로 이어진 현장

지금부터 '역세권 장기전세' 사업의 대표적 사례인 '신대방역 역세권 장기전세' 이야기를 하겠습니다. 신대방동 600-14번지 일대에서 추진 중인 이 사업은 이름처럼 지하철 2호선 신대방역과 직접 맞닿아있는 초역세권입니다. 이 황금 입지는 서울시의 '역세권 장기전세'에 적용되는 고밀도 개발 조건을 완벽하게 갖추고 있습니다. 사실 이곳은 오세훈 서울시장 1.0 시절부터 '역세권 시프트'라는 이름으로 사업을 시작하여 지금에 이르렀고 '역세권 장기전세'라는 이름으로 달려온 현장입니다.

　　이 지역은 보라매공원이 있어 쾌적하고 롯데백화점 등 대형 상업시설 접근성도 매우 높아서 생활 인프라가 잘 갖춰져 있습니다. 또한 대림성모병원과 서울특별시보라매병원 등 종합병원이 가까이에 있어 의료 인프라도 최상입니다. 신안산선이 개통되면 신대방역(2호선) 옆으로 지하철역이 추가로 생겨서 강남뿐만 아니라 여의도 접근성도 좋아집니다. 따라서 이 지역은 '역세권 장기전세'로 재개발이 되면 미분양 리스크는 최소화하고 프리미엄 단지로서 상품성이 극대화될 것으로 예상됩니다.

주민설명회 자료 ⓒ동작구청

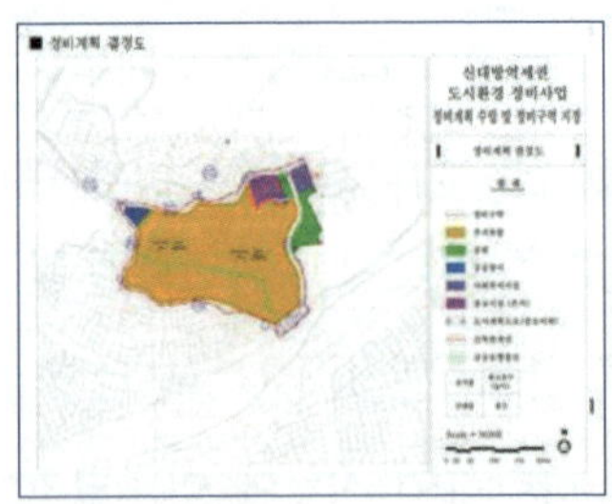

'일반 재개발'을 버리고 '역세권 장기전세'로 갈아탄 이유

해당 사업장은 원래 일반적인 주거지역에서 낮은 용적률로 개발될 뻔했지만, '역세권 장기전세주택건립사업제도(SHift)'를 적용하면서부터 상황이 완전히 달라졌습니다. 비유하자면 마치 땅콩만 심을 수 있던 땅콩밭이 서울시가 준 마법의 비료 덕분에 고층 빌딩을 올릴 수 있는 금싸라기 땅으로 바뀐 것입니다. 용적률 상향으로 세대수가 증가한 것이 사업성 확보의 핵심입니다.

무엇인가를 받았다면 주는 게 있어야겠죠? 조합은 늘어난 용적률로 짓는 주택 증가분 중 50%(약 170세대 이상 추정)를 SH공사에 장기전세주택으로 매각해야 합니다. 비록 일반분양 수가 줄었지만, 용적률이 상향되면서 확보된 일반분양 물량(약 564세대 정도로 추정)에서 발생하는 수익이 이 비용을 상쇄하고도 훨씬 커서 결국 조합원 부담금 절감에 결정적인 역할을 했습니다.

■ 2번에 걸친 용적률 증가에 따른 변화

	기존 계획(2022년 이전) 역세권 장기전세주택사업(SHift)	변경 추진안(확정 아님) '역세권 장기전세' 사업 연계	변화폭(증가 효과)
용적률	334%	최대 434%(목표)	100% 증가
총 세대수	1,459가구	약 1,800가구	약 341가구 증가
최고 층수	최고 30층	최고 39층	9층 상향

'일반 재개발'에서 '역세권 장기전세'로 변경됨에 따라 증가된 용적률 중에서 50%(약 170세대 이상)는 장기전세로 공공기여를 해야 합니다. 그래도 결과적으로 조합원 추가 부담금을 절감해 주는 효과를 거두었어요.

오랜 난항을 딛고 랜드마크 공식 선언

신대방역 역세권 사업이 초기부터 순탄했던 것은 아닙니다. 2016년에는 동의율 문제로 구역 해제 신청까지 접수되어 사업이 좌초될 위기에 처하기도 했죠. 이 사업장은 험난한 산길을 오르다가 포기할 뻔했지만, 정부의 '역세권 장기전세'라는 든든한 등산 장비를 갖춘 덕분에 마침내 정상 정복에 성공한 셈입니다.

이 사업은 2018년 주민 의견 조사에서 찬성 동의율이 63.7%로 높아지면서부터 결정적인 전환점을 맞이했습니다. 2020년 추진위원회 승인 후 '용적률 상향'이라는 경제적 유인이 조합원들의 오랜 갈등을 해소하는 결정적 계기가 되었습니다. 그러다가 2024년 11월 18일, '조합설립인가'가 완료되었습니다. 이것은 '역세권 장기전세' 사업의 주체가 공식적으로 확정되고 불확실성이 해소되어 본격적인 궤도에 올랐음을 의미하는 가장 중요한 법적 이정표라고 볼 수 있습니다.

'신대방역 역세권 장기전세' 사업의 조감도

투자 주의! 권리산정 기준일이 지나면 현금청산!

이러한 명품 사업지에도 투자자들이 반드시 유의해야 할 리스크가 있습니다. 서울시는 투기 우려를 최소화하기 위해 2023년 10월 26일부터 투기 방지 대책을 시행했습니다. 이 대책에 따라 '정비계획 공람 공고일'이 '권리산정 기준일'이 됩니다. 따라서 이 기준일 이후에 지분을 쪼개거나 물건을 신축하여 조합원 자격을 얻으려는 행위는 현금청산 대상이 될 수 있는 법적 위험이 있습니다. 다행스럽게도 신대방 역세권은 애초에 지분 쪼개기가 막혀서 조합원 수가 늘지 않아 결과적으로 조합설립까지 이르게 되었습니다**(신대방 역세권 신축 불가)**.

신대방역 역세권 재개발은 초역세권 입지와 정책적 특례가 결합하여 높은 사업성을 확보한 동작구 남부의 핵심 프로젝트입니다. 조합설립인가를 완료하고 2025년 10월 30일 시공사 입찰을 마감하는 등 이 사업은 이제 본격적으로 속도를 낼 전망입니다. 이처럼 복잡한 재개발 투자에서 성공하려면 '진짜 명품'과 '가짜 짝퉁'을 구별하는 눈을 기르는 것이 가장 중요합니다! 또한 투자하기 전에 해당 구역에 권리산정 기준일이 지정되었는지도 꼭 확인해야 합니다.

06 신대방역에서 대림삼거리역까지! 주변으로 번져가는 역세권 재개발

우리 집 옆에 신축 아파트가 들어선다면?

재개발 사업은 주변의 풍경을 완전히 뒤바꾸는, 그야말로 천지개벽과도 같습니다. 특정 구역을 개발하면 이주 수요를 자극해 주변 시세를 올리는 일시적인 부작용을 낳기도 합니다. 하지만 역설적으로 이러한 현상은 더 낙후되어 가는 인근 건물주들에게 개발 동기를 강력하게 부여하는 촉매제가 되기도 하죠. 때로는 재개발 이후 상권의 동선 자체가 이동하면서 권리금의 판도가 뒤집히기도 합니다. 그래서 숨어있던 골목이 미래의 중심 상권으로 급부상하는 반전을 보여주기도 합니다.

하지만 그 과실은 입주가 완료된 후에야 달콤하게 맛볼 수 있습니다. 공사가 진행되는 긴 시간 동안에 해당 지역은 공동화현상을 겪게 됩니다. 그리고 주변 상권은 공사 인부들의 식사를 책임지는 식당 정도를 제외하고 거의 모두가 긴 인고의 시간을 견뎌야 하는데, 이것은 도시가 진화하는 과정에서 피할 수 없는 숙명과도 같습니다. 우리가 주목해야 할 지점은 이러한 과도기적 현상이 아니라 결과물이 가져올 '가치의 이동'입니다.

동작구 행정력이 돋보인 '역세권 장기전세' 사업장

앞에서 언급한 '신대방역 역세권 장기전세' 사업장의 사례를 살펴보면 동작구의 행정력이 무척 돋보입니다. 수많은 재개발과 지역주택조합사업을 거치면서 축적된 동작구만의 노하우가 발휘된 대목이라고 추측됩니다. 동작구는 사업지 인근의 변화를 미리 예측하여 주변을 '역세권 활성화' 구역으로 포진했는데, 이것은 상권 형성에 따른 파급 효과까지 염두에 둔 포석인 셈입니다. 주민설명회를 통해 청사진을 제시했지만, 아직 주민들이 그 변화를 체감하기에는 이른 단계이기는 합니다.

자, 그러면 동작구가 그리는 변화의 밑그림을 자세히 살펴보겠습니다. 책이라는 물리적 한계로 인해 모든 구역의 상황을 다루지 못하는 점은 필자로서도 무척 아쉽습니다. 이렇게 부족한 부분은 앞으로 〈재개발연구회〉 회원들과 함께 현장을 직접 발로 뛰면서(현장탐방) 생생하게 채워나가겠습니다.

신대방역부터 대림삼거리역까지 '동작구 역세권 장기전세' 사업장 현황 ⓒ동작구청

　동작구가 주민들에게 설명한 자료를 한번 살펴볼까요? 현재 진행 중인 B-2 구역과 A6~A7 구역은 2호선 신대방역에 착 붙어 있습니다. 반면 경남아파트가 포함된 A1~A5 구역은 한창 공사 중인 신안산선 대림삼거리역 쪽에 가깝죠. 두 구역 모두 역과 거리가 가까워서 양쪽 역의 수혜를 동시에 입는 든든한 '역세권' 요건을 갖추고 있습니다.

　재미있는 것은 구역의 크기입니다. A1 구역부터 A7 구역까지 살펴보면 마치 약속이나 한 듯 10,000㎡를 조금 넘는 크기로 잘게 쪼개져 있습니다. 이것은 까다로운 '서울시 도시계획위원회 심의(30,000㎡ 이상)'를 피해 사업을 빠르고 쉽게 가려는 전략으로 보입니다. 하지만 필자의 생각은 조금 다릅니다. 절차가 조금 까다롭더라도 20,000~30,000㎡씩 큼직하게 묶어서 진행하는 게 좋다고 봅니다. 물론 이것은 주민들이 얼마나 똘똘 뭉치느냐에 달린 문제겠지만요.

일단 동작구가 설명회에서 제시한 밑그림을 바탕으로 현재 상황을 짚어보겠습니다. 가장 앞서가는 구역은 B-2 구역입니다. B-2 구역은 이미 조합설립인가를 마치고 시공사 선정을 눈앞에 둔, 이 구역의 '대장'이라고 할 수 있죠. A-2 구역은 그 뒤를 바짝 쫓는 A-2 구역의 기세도 무섭습니다. 추진준비위원회가 설립되자마자 주민 동의율이 50%를 훌쩍 넘겨 무려 77%에 달했습니다. 여기에 대신자산신탁과 MOU(업무협약)까지 체결하면서 든든한 우군까지 얻은 상태입니다.

옆 동네가 재개발될 때 우리 동네도 살펴봐야 하는 이유

자, 그럼 미래 가치를 한번 계산해 볼까요? 동작구청 자료를 살펴보면 A5 구역은 용적률 약 400%를 적용받아 398세대의 중급 단지가 될 전망입니다. 그런데 바로 옆 A6 구역은 563세대가 예상됩니다. 만약 필자의 의견대로 이 2개의 블록(A5+A6)을 합친다면 어떨까요? 면적은 2만 5,000㎡로 넓어지고 심의 절차는 늘어나겠지만, 무려 950세대가 넘는 대단지로 다시 태어납니다. '나 홀로 아파트' 2채보다는 '랜드마크 대단지' 하나가 모양새나 가치 면에서 훨씬 낫지 않을까요?

이처럼 우리는 재개발 구역의 윤곽이 드러날 때 그 바로 옆 동네까지 함께 살펴보는 훈련을 해야 합니다. 동작구는 감사하게도 구청이 나서서 설명회도 열고 자료도 주었지만, 대부분의 지역은 아직 밑그림조차 없습니다. 그래서 우리는 이 책을 보물지도 삼아 현장탐방을 떠나 꼼꼼하게 살펴보아야 하는 것이죠.

A-5 건축계획 안 — 개발밀도

구분		내용	비율(%)	비고
합계	개발대지면적	10,230.0㎡	-	-
	지상연면적	40,894.2㎡	100.0%	-
	지하연면적	21,841.8㎡	-	-
	용적률	399.8%	-	준주거 400%
	총 세대수	398 세대	-	-
주거	소계	36,294.2㎡	88.8%	398세대
	분양	30,946.5㎡	75.7%	316세대
	공공임대	2,154.5㎡	5.3%	22세대
	의무임대	3,193.2㎡	7.8%	60세대
비주거	소계	4,600.0㎡	11.2%	-
	민간	4,600.0㎡	11.2%	계획연면적의 10% 가정

• 비례율 100% 이상

개발밀도

구분		내용	비율(%)	비고
합계	개발대지면적	14,536.6㎡	-	-
	지상연면적	58,135.2㎡	100.0%	-
	지하연면적	31,014.6㎡	-	-
	용적률	399.9%	-	준주거 400%
	총 세대수	563세대	-	-
주거	소계	51,335.2㎡	88.3%	563세대
	분양	39,956.2㎡	68.7%	408세대
	공공임대	6,855.2㎡	11.8%	70세대
	의무임대	4,523.7㎡	7.8%	85세대
비주거	소계	6,800㎡	11.7%	-
	민간	6,800㎡	11.7%	계획연면적의 10% 가정

• 비례율 100% 이상

신대방역/대림삼거리역 '역세권 장기전세' 건축계획안 ⓒ동작구청

07 서울역 뒷골목
낡은 서부의 반격! –
'청파동 역세권 장기전세' 사업

서울 부동산의 히든카드 – 서울역 인근

서울역에 내려서 광장 쪽을 바라보면 어떤가요? 서울스퀘어(구 대우빌딩)를 비롯해서 화려한 마천루가 큰 위용을 뽐내고 있습니다. 대한민국의 관문답죠. 그런데 고개를 딱 반대로, 서부역 쪽으로 돌려보면 풍경이 180도 바뀝니다. 마치 타임머신을 타고 30년 전으로 돌아간 듯한 낡은 빌라와 좁은 골목길, 바로 용산구 청파동입니다. 재개발을 좋아하는 필자의 입장에서는 서울역 동쪽의 휘황찬란한 빌딩숲보다는 서쪽의 재개발 지역이 너무도 맘에 듭니다. 그리고 싶은 그림이 많기 때문이죠.

사람들은 이곳을 '서울역의 뒷마당'이라고 부르면서 외면해 왔습니다. 하지만 지금, 이 낡은 뒷마당이 서울시 부동산 시장의

'히든카드'로 급부상하고 있습니다. 서울역 북부 역세권 개발부터 선로 지하화에 대한 이야기까지, 그리고 서울역 주변의 수많은 재개발 지역이 앞으로 어떻게 변해갈지 무척 궁금해지는 현장입니다.

'청파동 역세권 장기전세주택' 사업 – 용산구 청파동1가 46번지 일대

그중에서 '역세권 장기전세주택' 사업의 현장을 살펴보겠습니다. '청파동 역세권 장기전세주택' 사업은 서울 용산구 청파동 1가 46번지 일대 재개발 사업을 통해 총 189세대('미리내집'● 포함)가 공급될 예정입니다. 총 741세대 중 189세대가 장기전세주택으로 공급되고 서울역(1호선, 4호선, 경의중앙선, 공항철도, GTX-A) 인근 역세권에 위치합니다. 아파트 8개 동, 지하 5층~지상 29층(최고 95m 이하) 규모로 조성된다고 하니 사업성이 좋고 단지의 규모도 상당합니다.

정비계획은 2025년 5월 서울시 도시계획위원회에서 수정 가결되어 2025년 9월 30일부터 10월 31일까지 주민공람이 진행되었습니다. 이 책을 집필하기 직전의 이야기죠. 장기전세주택 사업은 공공임대주택 336세대와 함께 공급되고 업무시설뿐만 아니라 상업시설과 커뮤니티시설 등 복합단지로 개발됩니다.

● **미리내집**: 서울시가 신혼부부를 위해 공급하는 저출생 주택 대책 사업으로, 정식 명칭은 '장기전세주택 II'로, 시프트(SHift)의 두 번째 버전입니다. 거주기간은 10년이고 자녀를 출산할 경우 최장 20년까지 연장할 수 있습니다. 그리고 출산할 경우 시세 대비 10~20% 저렴하게 구입할 수 있는 인센티브를 제공합니다.

청파 역세권 장기전세주택 조감도 ©서울시

서울시와의 달콤한 거래 – "높게 지어라! 대신…"

청파동 일대에서 추진 중인 '역세권 장기전세' 사업(도시정비형 재개발 사업)을 아주 쉽게 설명하면 서울시와 땅 주인들이 맺는 '빅딜(Big Deal)'입니다. 서울시가 이렇게 제안하는 겁니다.

"여기가 바로 서울역 앞이잖아. 이렇게 낮은 빌라만 두기에는 땅이 너무 아까워. 내가 용적률(건물을 지을 수 있는 밀도)을 500%, 아니 최대 700%까지 확 풀어줄게. 그 대신 네가 혜택을 받아 더 짓게 되는 집의 절반(50%)은 우리한테 싸게 넘겨. 서민들을 위한 전세주택으로 쓰게."

땅 주인 입장에서는 어떨까요? 원래는 10층, 15층밖에 못 지을 땅에 30층, 40층짜리 아파트를 올릴 수 있게 됩니다. 땅 주인은 일반분양 물량이 쏟아지니 사업성이 좋아지는 것이고 서울시는 예산을 들이지 않고 임대주택을 확보하니 좋고요. 그야말로 누이 좋고 매부 좋은 사업이 바로 이 역세권 시프트(SHift) 사업입니다.

"용산은 항상 뜨겁죠. 그중에서 청파동도 역시 핫합니다!"

사실 청파동은 오랫동안 개발이 지지부진했습니다. 하지만 지금은 판이 완전히 뒤집혔어요.

❶ 서울역 북부 역세권 개발의 낙수효과를 톡톡히 보고 있습니다. 서울역 북쪽에 있는 유휴부지에 코엑스 같은 컨벤션센터와 호텔, 업무시설이 들어섭니다. 강북의 코엑스가 생기는 것인데, 바로 길 건너편 주거지인 청파동이 가만히 있을 리 없죠.
❷ 교통의 끝판왕 GTX-A, GTX-B 노선이 뚫리면 서울역은 명실상부한 수도권의 심장이 됩니다. 직주근접을 원하는 수요가 폭발할 곳은 정해져 있습니다.

그래도 투자자가 조심해야 할 지뢰밭!

앞에서도 여러 번 강조했듯이 항상 조심해야 할 부분이 있습니다. 지도가 화려하다고 해서 덜컥 계약금을 쏘면 안 됩니다.

청파동의 여러 현장은 현재 '개발 방식의 춘추전국시대'이기 때문입니다. 이곳은 구역마다 깃발 색깔이 다릅니다. 어떤 곳은 서울시가 밀어주는 '신속통합기획'(청파2구역)으로 이미 진도를 쫙 뺐고, 어떤 곳은 전통적인 '재개발'(청파1구역)을 하고 있으며, 그 사이사이에는 대로변이나 역세권 지역에서 '역세권 장기전세' 사업을 하겠다고 이제 막 동의서를 걷고 있습니다.

여기서 가장 무서운 것은 '권리산정 기준일'이라는 암초입니다. '재개발된다니까 빌라 하나 사두면 아파트를 받겠지?'라고 생각했다가는 큰일 납니다. 서울시가 투기를 막기 위해 정해둔 날짜 이후에 지어진 '쪼개기 빌라'나, 뒤늦게 들어온 투자자는 새 아파트 입주권을 받지 못하고 현금청산(돈 받고 쫓겨남) 당할 수도 있습니다.

또 하나 주의할 점은 아무리 청파동이라고 해도 막상 주민 동의서를 걷기가 힘들거나 구역계 설정이 어려워서 개발 방식을 정하지 못한 현장도 있습니다. 그러므로 이 책을 무기로 삼아 어떤 사업이 어떻게 되고 어떤 그림으로 그려질지, 그리고 무엇을 조심해야 할 것인지를 항상 꼼꼼하게 살펴보아야 합니다.

마포 역세권(도화동, 공덕동) 개발, 지금 무슨 일이 벌어지고 있나?

마포 역세권 – 명품으로 가기 위해 삐뚤빼뚤 재개발 진행 중!

마포구의 핵심 역세권인 마포역(5호선)과 공덕역(5, 6호선, 공항철도, 경의중앙선) 인근도 '역세권 재개발' 열기로 뜨겁습니다. 마포구 도화동 마포역 일대와 공덕동 공덕역 일대는 현재 해당 지역 주민들이 직접 역세권 재개발을 추진하는 것으로 보입니다. 하지만 이 단계는 투자자들이 가장 신중해야 하는 시기이기도 합니다.

도시계획위원회 통과 전 단계의 지역은 공식적인 사이트가 없어 입소문이나 유튜브 정보에 의지해야 합니다. 현실적으로 이 지역은 잘 검색되기도 하죠. 블로그나 유튜브를 검색할 때 유난히 잘 나오는 경우는 딱 1가지! 그것은 바로 '셀러'들이 물건을 팔기 위해서입니다.

재개발하기 좋은 지역은 오히려 팔 물건이 적어서 홍보되지 않는 경우가 많습니다. 결국 모든 물건 정보는 명품과 짝퉁이 섞여 있으니 결국 실제 현장에 직접 가서 확인하는 수밖에 없어요. 마포역과 공덕역 인근은 입지가 워낙 A++급이라 탐나는 현장일 수밖에 없으므로 진행 상황을 간단히 살펴보겠습니다.

아직 정비구역 지정이 확정되지 않은 마포역 일대

마포 역세권의 뜨거운 쟁점 – 노후도 논란과 구역 경계 싸움

마포 역세권은 현재 2가지 큰 쟁점을 두고 논쟁 중입니다. 마

포 역세권은 정비계획 기준에 의거하여 '신축 15% 노후도' 기준[*]
이 깨지느냐를 두고 유튜브에서 많이 논쟁되고 있습니다. 왜냐
하면 노후도 기준은 사업 대상지를 선정하는 데 중요한 열쇠이
기 때문이죠. 또한 구역계를 어떻게 정하느냐에 따라서도 달라
질 수 있어서 예민하게 논쟁이 진행 중인 것으로 보입니다.

그 외에도 도화동 마포 역세권은 도로변 상권의 거센 반대에
부딪히면서 결국 구역 경계가 매끈하지 않고 삐뚤빼뚤하다는 것
이 큰 쟁점이 되고 있습니다. 즉 네모반듯하게 딱 떨어지지 않고
들쭉날쭉하다는 뜻입니다. 도로변 상권만 별도 동의율을 적용하
여 일정 비율(%)을 만족해야 하는 어려움이 있어서 뺀 것입니다.
현재로서는 이 지역이 앞으로 어떻게 추진될지 좀 더 지켜보면
서 신중하게 접근할 필요가 있어 보입니다.

부정적 변수의 결정적 역할은 아마도 신축 쪼개기가 될 것입
니다. 신축 쪼개기가 늘어나면 팔 물건이 많아져서 '셀러'들이 더
많이 홍보하겠지만, 반대로 개발 가능성은 멀어질 수 있다는 점
을 항상 기억해야 합니다. 지금은 마포 역세권과 도화 역세권의
상황이 조금 복잡하지만, 입지가 워낙 좋으니 앞으로의 행보를
계속 주목할 필요가 있습니다!

[*] 노후도 정비계획 기준은 30년 이상 된 건물이 60% 이상이고 150m² 미만 필지가 40% 이상 또는 2층 이하 건물이 50% 이상이어야 합니다. 이때 10년 이내 신축 건물이 15% 이상이면 노후도 정비계획 대상지에서 제외됩니다.

역세권 인근 '정비계획안'이 통과된 지역은 어디?

서울시는 이미 여러 역세권 지역의 정비계획안을 통과시키면서 사업을 추진 중입니다. 앞에서 언급한 마포 역세권도 언젠가 이 목록에 당당히 이름을 올리기를 기대해 봅니다.

다음은 현재 역세권 인근에서 정비계획안이 통과된 지역입니다. 아직도 많은 지역이 '역세권 재개발' 지역으로 지정되지 않았지만, 서울시는 주민이 먼저 제안하는 것을 기다리고 있습니다. 따라서 여러분이 원하는 지역을 직접 '역세권 재개발'로 지정될 수 있도록 만들어가고 이런 지역을 찾는 게 또 다른 수익을 올릴 수 있는 핵심 포인트입니다.

정비계획안 통과 지역

자치구	지역(역세권)	주요 규모 및 특징
은평구	신사동 새절역 일대	• 공동주택 506세대(장기전세 151세대 포함) • 신혼부부용 '미리내집'으로 절반 활용
동대문구	신설동역 일대	• 공동주택 총 609세대(장기전세 183세대 포함) • 성북천과 연결되는 공공 보행통로, 수변 친화 커뮤니티시설 조성
영등포구	신길동 일대	• 공동주택 505세대(장기전세 154세대 포함) • 주변 도로(영등포로80길, 도신로64길) 확장 및 보도 설치
용산구	숙대입구역 일대	• 공동주택 870세대(장기전세 265세대 포함) • 남산 조망권 보존을 위한 통경축(경관 중심의 통로) 확보, 공공공지 및 녹지 공간 마련
	서울역 일대 (청파동 1가)	• 공동주택 총 741가구(장기전세 189가구 포함) • 청파로변 복합 용도 도입 및 통경축 확보
동작구	보라매공원역 일대 (신대방동)	• 공동주택 300세대(장기전세 74세대 포함) • 작은도서관 등 공공기반시설 조성
강북구	삼양사거리역 일대 (미아동)	• 도시정비형 재개발 사업으로 추진 중
마포구	도화동 마포역 일대 공덕동 공덕역 일대	• 해당 지역 주민이 추진 중

둘째 마당

서울시 역세권 재개발 최강투자

'역세권 활성화' 실전 투자 사례

(ft. 남영역 & 신대방역 사례)

01 실입주자에게 더 매력적인 '역세권 활성화'

'역세권 활성화' = 우리 동네 살리기 프로젝트!
아파트 짓기는 기본, 도시 재창조가 최종 목적

우리는 지금 역세권에서 가능한 여러 사업을 살펴보고 있습니다. 그중 하나인 '역세권 활성화' 사업은 이름 그대로 지하철역 주변 지역을 더욱 활기차고 살기 좋은 곳으로 만드는 사업입니

서울시 '역세권 활성화' 사업 설명 자료

다. 이 사업은 단순히 아파트를 짓는 것을 넘어 역세권의 기능을 되살리고 도시를 다시 창조하는 데 초점을 맞추고 있습니다.

서울시 입장에서 '역세권 장기전세' 사업은 임대아파트 확보가 목적입니다. 하지만 '역세권 활성화' 사업은 좀 더 다양한 방식으로 기부채납할 수 있을 뿐만 아니라 결과적으로 도시의 활력을 재생하는 것이 목적입니다. 그래서 나중에 입주해야 하는 실입주자 측면에서는 임대아파트가 많은 '역세권 장기전세' 사업보다는 '역세권 활성화' 사업이 좀 더 매력적입니다. 이들 2개의 사업을 비교해 보면 다음과 같습니다.

■ '역세권 장기전세' 사업 vs. '역세권 활성화' 사업 비교

	'역세권 장기전세' 사업	'역세권 활성화' 사업
주요 목적	임대아파트 확보	역세권의 재활성화
용적률 혜택	높음	역세권 장기전세보다 좀 더 높음
기부채납 형태	주로 임대아파트 확보	임대아파트 외에 방식이 다양함
담당 부서(서울시)	공공주택을 관리하는 부서	도시 재창조에 포커스를 둔 부서

실입주자는 임대아파트가 상대적으로 적은
'역세권 활성화' 사업을 좋아합니다.

02   '역세권 활성화', 짝퉁 구역이 많은 이유

너무나 매력적이어서 짝퉁이 많다!

'역세권 활성화' 사업은 높은 용적률 혜택(**'역세권 장기전세' 사업보다 높음**)을 받으므로 아무 곳이나 선정하지 않습니다. 따라서 해당 역세권이 다시 활성화될 만한 잠재력과 필요성을 갖추었는지, 그리고 주변 지역에 긍정적인 영향을 줄 수 있는지를 보는 것이 핵심입니다. 좀 더 까다로운 요건을 만족해야 하는 것이죠.

빌라 쪼개기로 악용되는 '역세권 활성화'

실제 현장에서는 안타깝게도 대상지 요건에 미흡한 곳인데도 '역세권 활성화' 사업을 많이 추진하려고 합니다. '역세권 활성화'

가 워낙 매력적인 사업이다 보니 사업성을 부풀려서 재개발의 가치를 높이려는 작전입니다. 결국 빌라 쪼개기의 판매 수단으로 가장 많이 활용하는 사업이 바로 '역세권 활성화'입니다. '역세권 활성화'는 사업성이 좋아 부담금이 줄어들 수 있다고 억지로 맞춰놓기에 가장 좋은 사업이기 때문입니다. 하지만 실제로 분석해 보면 대상지 요건에 해당되지 않는 경우가 많습니다.

사례 조건 미달 지역의 주민설명회 현장

어떤 지역은 서울시에서 정한 기준(예 역과의 거리, 노후도, 간선도로 접도 등)을 전혀 충족하지 못하는데도 일부 주민들이 '우리도 역세권 활성화 사업을 한다'고 주장하면서 추진준비위원회*를 만들고 주민설명회를 열기도 했습니다. 그것도 참석자 중 1명을 추첨하여 금 1돈을 나눠주면서요.

용산 A 지역의 '역세권 활성화' 사업 추진준비위원회가 진행한 주민설명회와 포스터

●   '추진위원회(추진위)'는 실효성을 갖지만, '추진준비위원회(추준위)'는 아무것도 아닙니다. 추진위원회(추진위)와 추진준비위원회(추준위)의 자세한 차이점에 대해서는 119쪽을 참고하세요.

사업 주체의 전문성 부족으로 잘못 그려온 구역계

이런 경우 사업을 추진하려는 주체(사람들)가 재개발 관련 지식이 전혀 없는 경우가 많습니다. 심지어 해당 지역이 어떤 조건을 갖춰야 사업 대상지가 되는지도 제대로 모르는 경우가 허다합니다. 이들은 자기들이 직접 그린 구역계를 필자에게 제시한 경우도 있었습니다. 하지만 그 구역계(구역 경계)는 역세권 활성화 대상지 선정 요건과는 거리가 멀어서 이대로 신청하면 사업이 불가능한 상황이었습니다. 이곳은 좋은 동네지만, 사업을 추진할 주체의 능력이 부족하여 사업 진행이 어려운 매우 안타까운 경우입니다.

다음은 잘못 추진하고 있는 추진준비위원회에서 필자에게 보내온 구역계 그림입니다. 이것을 확대해서 살펴보면 신광초등학교 땅을 교묘히 피해 나가 도로를 거친 후 다시 간선도로에 붙기 위한 노력으로 일부 땅을 포함했는데, 이것은 억지로 구역계를 그리려고 하는 편법입니다. 이렇게 그려온 구역계 자료를 구청이나 시청에 들고 들어가면 한 소리 듣기 딱 좋습니다. 쉽게 말해서 역세권 활성화 대상지를 선정하기 위한 구역계로는 불가능하다는 의미입니다. 이와 같이 역세권 활성화 대상 지역이 접도 요건이나 면적 요건의 부적합으로 성립되지 않는 곳을 빌라를 팔기 위한 목적으로 억지로 구역계를 제출하는 사례가 늘어나고 있습니다.

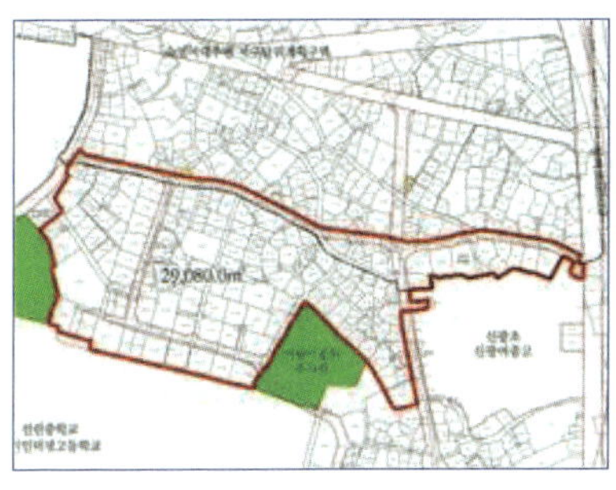
추진준비위원회라는 곳에서 그려온 잘못된 구역계

잘못된 부분을 확대한 구역계 (간선도로변)

구역계 그림을 잘못 그려오면 구청이나 시청에서 퇴짜를 맞습니다.

사적 이익을 위해 허위 기대감 조성

이들 주민설명회에서는 사람들을 모으기 위해 경품을 걸기도 합니다. 하지만 이것은 사업의 성공 가능성보다는 사적인 이익이나 기대감을 부풀리려는 의도일 수 있어서 의심해 봐야 합니다. 이처럼 요건이 안 되는 현장에서 사업을 추진하는 것은 마치 명품을 따라가려는 짝퉁과 같습니다.

일반인들은 '높은 용적률 혜택'이라는 당근만 보고 현혹될 수 있지만, 대상지 요건이 충족되지 않으면 사업이 제대로 진행될 수 없습니다. 결론적으로 '역세권 활성화' 사업을 진행하려면 까다롭고 상세한 선정 기준을 정확히 알고 그 기준에 맞춰 능력 있는 주체가 제대로 된 계획을 세워 추진하는 것이 가장 중요합니다.

03 '역세권 활성화' 대상지 선정 기준 4가지

우선 눈으로 확인! 지하철역 주변이 낡고 저층 위주라면?

우리 동네 지하철역 주변이 낡고 저층 건물 위주라면 '역세권 활성화' 사업은 동네를 획기적으로 변신시킬 수 있는 기회입니다! 복합 고층 건물과 공공기반시설이 들어서면서 역세권이 활력이 넘치는 '컴팩트시티'의 중심으로 바뀌는 마법 같은 일이 생기는 것이죠. 그렇다면 어떤 동네가 이 사업의 주인공이 될 수 있는지 4가지 핵심 기준을 사례와 함께 살펴볼까요?

기준 1 입지 조건 – 역에서 걸으면 몇 분 거리?

가장 중요한 것은 역과의 거리와 주변 지역의 위상입니다. 그리고 역의 승강장 경계로부터 특정 거리 안에만 사업지가 걸쳐야 합니다.

■ 동네 유형별 역과의 핵심 거리

동네 유형	역과의 핵심 기준 거리	사례(가상의 역)
핵심 중심지 (도심, 광역·지역 중심) 또는 환승역	350m 이내	강남역이나 서울역처럼 이미 중요한 곳에 있거나, 노선이 여러 개 교차하는 왕십리 환승역 주변은 주변 영향력이 크니 더 넓은 범위(350m)를 인정해 줍니다.
일반 동네 (지구 중심, 비중심지)	250m 이내	주거지역이 많은 개별 동네 역(환승역 제외) 주변은 250m 범위 안에 있어야 합니다.

기준2 용도 및 규모 조건 – 어떤 땅? 얼마나 넓어야 하나?

'역세권 활성화' 사업은 용적률을 높여주는 것이 핵심이므로 주로 다음과 같이 개발 잠재력이 있는 지역이 대상이 됩니다.

- **주거지역**: 제2종 일반주거지역(7층 이하 포함), 제3종 일반주거지역, 준주거지역
- **상업지역**: 근린상업지역, 일반상업지역

면적도 적절한 규모를 갖춰야 합니다. '역세권 활성화'는 소규모 정비사업으로서 최소 $1,500m^2$ 이상, 최대 $10,000m^2$ 이하

여야 하지만, 도시정비형 재개발 사업으로 추진할 경우 최대 30,000m² 이하까지 가능합니다. 이 외 면적도 심의를 통해 인정받으면 '역세권 활성화' 사업이 가능합니다.

기준3 도로 조건 - 접근성 용이

아무리 좋은 건물이라도 드나들기 불편하면 안 되겠죠? 원활한 차량 진출입을 위해 다음 2가지 조건을 모두 만족해야 합니다.

- 최소 2면 이상이 폭 4m 이상 도로에 접해야 할 것
- 그중 최소 1면은 폭 8m 이상의 넓은 도로에 접해야 할 것

예를 들어볼까요? 사업 대상지의 가로 구역(도로 등으로 둘러쌓인 한 블록)이 도로에 접해 있다고 가정해 봅시다(4면이나 3면이 접해도 가능). 그중에서 2면은 4m 폭 도로여도 가능하지만, 나머지 1면은 8m 이상

■ **사업 대상지 예시(간선도로변)**　　　　　　　　(자료 출처: 서울시)

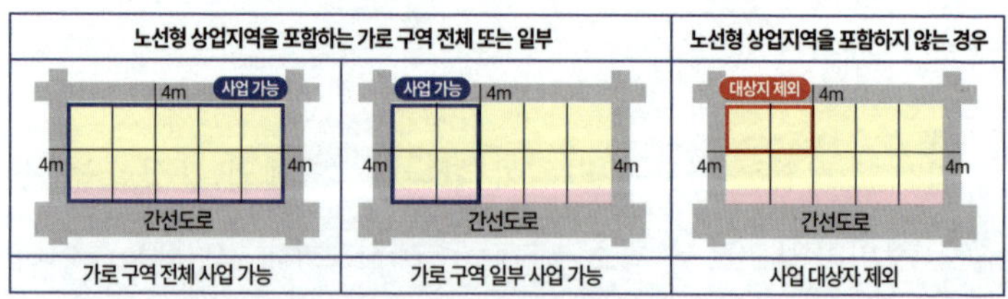

● **간선도로**: 원줄기가 되는 주요 도로로, 인체의 동맥에 비유됩니다. 간선도로의 폭은 8m 이상으로, 일반적인 폭은 21.4m(4차로 기준)이지만, 일부 구간에서는 14.5m로 축소될 수 있습니다.

의 도로(아래에서는 8m 이상인 간선도로 1개˙접함)여야 합니다. 이 외에도 4m 도로 1개, 8m 도로 1개로 총 2면만 접해도 '역세권 활성화' 사업이 가능합니다.

기준4 제외 조건 – 겹지정지역이나 보존지역은 제외!

아무리 앞의 조건을 만족해도 다음과 같이 다른 사업이 진행 중이거나 도시계획상 보존해야 할 곳은 대상지에서 제외됩니다 **(겹지정 여부 확인은 67쪽 참고)**.

- **현재 다른 사업 진행 중**: 도시정비법에 의한 정비구역 및 정비예정구역(일부 재개발은 예외) 또는 소규모 주택 정비사업의 조합설립인가를 받은 지역
- **도시계획상 중요한 보존지역**: 서울 도심 기본 계획상의 특정 관리지구
- **너무 큰 규모의 협상 대상지**: 5,000m² 이상의 사전 협상 대상지 요건을 갖춘 지역은 별도의 절차를 따르므로 제외

이러한 기준을 통과한 동네는 주민 동의를 거쳐 '지원 자문단'이 검토한 후 지구단위계획이나 정비계획 수립 절차를 거쳐 본격적으로 '역세권 활성화' 사업이 추진됩니다.

다음은 지구단위계획에 따른 주택건설사업과 정비계획에 따른 재개발 사업을 비교한 절차도입니다. 이 중 이 책에서 다루는 '역세권 활성화' 사업은 정비계획에 따른 재개발 사업입니다.

건축 허가 및 주택건설사업 〈지구단위계획 수립〉	도시정비형 재개발 사업 〈정비계획 수립〉
사업계획(안) 제출 (사업 시행자·자치구 → 시)	사업계획(안) 제출 (사업 시행자·자치구 → 시)
사업 대상지 선정 (지원 자문단)	사업 대상지 선정 (지원 자문단)
지구단위계획(안) 주민 제안 (사업 시행자 → 자치구)	정비계획(안) 자문 (지원 자문단)
주민 의견 청취 구(區) 도시건축공동위원회 자문(필요 시)	주민설명회 주민 및 구의회 의견 청취
지구단위계획(안) 결정 요청 (자치구 → 시)	정비계획(안) 입안 (자치구 → 시)
시(市) 도시건축공동위원회 심의 (지구단위계획 결정)	시(市) 도시계획위원회 심의 (용도지역 변경 & 정비계획)
지구단위계획 결정 고시	정비계획 결정 고시
건축위원회 심의, 건축 허가 (사업계획 승인) 등 인허가 절차 추진 (감정평가 및 지구단위계획 결정(변경) 고시)	통합심의, 사업시행계획인가 등 인허가 절차 추진 (감정평가 및 정비계획 결정(변경) 고시)

오른쪽이 정비사업으로 진행할 경우의
'역세권 활성화' 사업 절차도입니다.

사업 조건에 안 맞는 가로 구역의 구제 사례는?

가로 구역은 도로로 둘러싸인 한 블록을 의미하고 '가로주택정비사업'과 가로 구역별 건축물 높이 제한의 기본 단위입니다. 앞에서 역세권 사업 대상지가 될 가로 구역은 전체 면적의 절반(1/2) 이상이 역세권 범위(250m 또는 350m) 안에 들어와야 사업이 가능하다고 했습니다. 하지만 예외는 있습니다. 만약 1/2 미만만 걸쳐도 그 블록이 폭 20m 이상 간선도로에 접해 있거나 구역을 예쁘게 정형화할 필요가 있다면 위원회의 심의를 통해 구제받을 수도 있습니다.

사업 대상지 예시(역세권)

(자료 출처: 서울시)

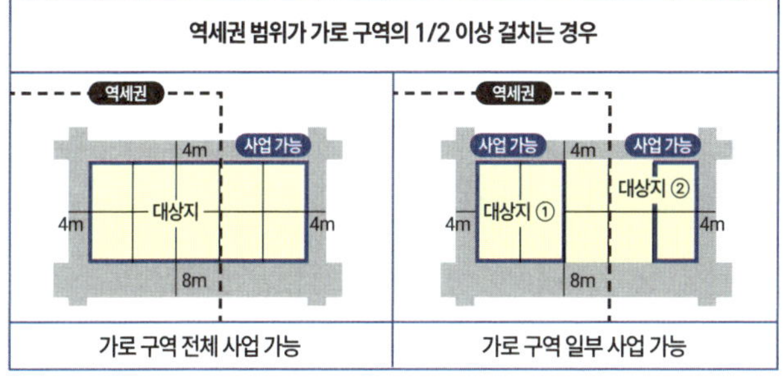

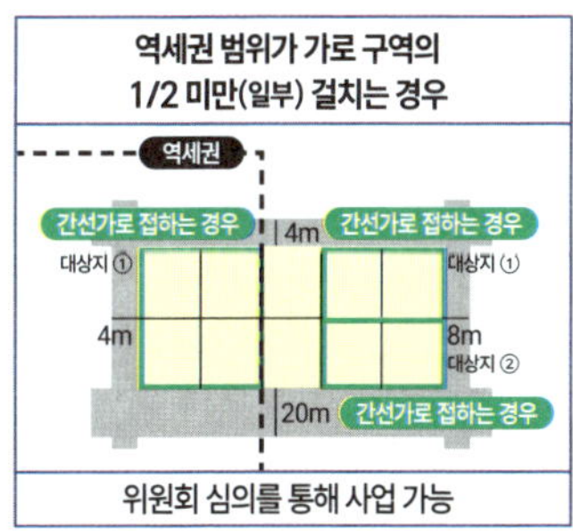

04 '역세권 활성화' 용적률 상향 체계

도시를 쑥쑥 키우는 마법 3단계

'역세권 활성화'의 용적률 상향은 도시 성장 레벨업 게임처럼 도시를 더욱 풍요롭게 만들어서 활력을 줍니다. 이 사업은 지하철역 주변의 땅을 복합 개발해서 대중교통과 시민 활동 중심으로 활성화하려는 것이 목표입니다. 즉 도시 기능을 좁은 공간 안에 집약시켜서 효율적으로 운영되도록 만드는 것이죠. 이번에는 어떻게 용적률이 상향되고 레벨업 대가를 치루면서 진행되는지 살펴보겠습니다.

가장 먼저 내 사업 대상지가 도시에서 얼마나 중요한 위치에 있는지 확인해야 합니다.

❶ '**도심, 광역 중심 지역**'이면 가장 좋습니다. 기본적으로 '일반 상업지역'으로 최대 2단계까지 용도지역이 상향되고 추가 조건이 충족되면 '중심 상업지역'까지 추가로 2단계 상향되어 최대 4단계까지 레벨업되기 때문이죠.

❷ '**지구 중심 지역**'이면 '근린상업지역'으로 용도가 상향되고 추가 조건이 충족되면 '일반 상업지역'까지 레벨업됩니다.

❸ '**비중심지 지역**'이면 '준주거지역'으로 용도가 상향되고 역시 추가 조건이 충족되면 '근린상업지역'까지 레벨업됩니다.

■ 역세권 위치별 레벨업 범위

현재 위치 (중심지 체계)	기본 레벨업 범위 (최대 상향 단계)	숨거진 보너스 레벨 (최대 4단계 상향 조건)
도심, 광역 중심 (가장 중요)	일반 상업지역 이내 (최대 2단계)	역 인접부 또는 간선가로 연접부 + 복합 용도(업무/관광숙박 50% 이상)를 충족할 경우 위원회 심의를 통해 중심 상업지역까지 가능
지구 중심	근린상업지역 이내 (최대 2단계)	위의 보너스 조건을 충족할 경우 위원회의 심의를 거쳐 일반 상업지역까지 가능
비중심지	준주거지역 이내 (최대 2단계)	위의 보너스 조건을 충족할 경우 위원회의 심의를 거쳐 근린상업지역까지 가능

결국 레벨업이 되어야 땅의 가치와 활용도를 높일 수 있습니다. 즉 원래는 낮게 지어야 했던 건물을 더 높이 지을 수 있는 권한을 얻는 것이죠. 3군데 모두 기본적으로 최대 2단계 상향될 수 있습니다. 하지만 꼭 필요한 경우(**공공기반시설 설치 등**)에는 최대 3단계까지, 그리고 '역 인접부+복합 용도'라는 까다로운 조건을 만족하면 최대 4단계까지도 상향될 수 있습니다.

2단계 레벨업의 대가 지불하기 – 용적률과 공공기여

용도지역이 상향되면 더 높은 용적률, 즉 상한 용적률을 적용받아 건물을 훨씬 높게 지을 수 있습니다. 하지만 이 혜택을 그냥 주는 건 아니죠. 도시의 성장을 위해 그 이익의 일부를 공공기여 형태로 되돌려주어야 합니다. 그렇다면 얼마만큼 받고 되돌려줘야 할지 좀 더 자세히 살펴볼까요?

용적률의 종류는 변하기 전의 용적률인 '기준(**허용**) 용적률'과 용도지역 변경으로 상향된 '상한 용적률' 또는 '계획 용적률'로 구분합니다. 증가된 용적률은 상한 용적률(**또는 계획 용적률**)에서 기준 용적률을 뺀 것인데, 이에 비례하여 공공기여를 해야 합니다.

그렇다면 얼마만큼 공공기여를 해야 할까요? 먼저 늘어난 용적률(**증가 용적률**)의 50%에 해당하는 용적률을 부지 면적 기준으로 환산해서 공공기여를 해야 하는 것이 원칙입니다.

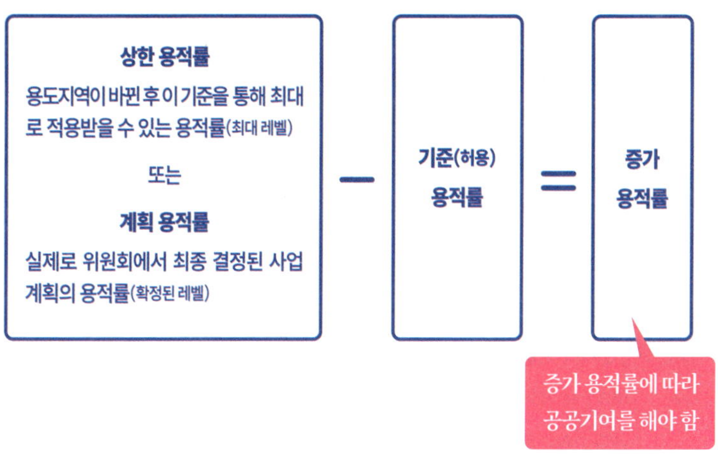

예를 들어볼까요? 제2종 일반주거지역(200% 이하) → 준주거지역(400% 이하)으로 상향되었다고 가정해 봅시다. 이 경우 증가 용적률은 200%가 됩니다. 공공기여는 증가 용적률의 절반을 내줘야 하므로 100%가 됩니다. 여기서 끝이 아닙니다. 이것을 부지면적으로 환산해서 계산하면 최종 25% 이상의 공공기여율(부지 면적 기준)이 나옵니다. 이 공공기여는 주로 공공임대주택(권장 30% 이상)과 생활서비스시설 등 지역에 필요한 시설을 건립하는 형태로 되돌려줍니다.

3단계 추가 보너스를 얻으려면? – 용적률 완화 인센티브

용적률 상향을 적용받은 후에도 도시의 공공적 목표에 기여하는 특정 항목을 충족하면 용적률을 추가로 완화받을 수 있습니다(상한 용적률에 가산).

다음은 상한 용적률에 추가로 가산하여 용적률을 완화받은 예입니다.

- **창의·혁신 디자인 건축물**: 특별건축구역 지정을 통해 용적률을 완화받은 경우 (원칙은 미적용이지만 예외적으로 가능)
- **관광숙박시설**: 관광숙박시설을 건축하여 용적률을 완화받는 경우. 상한 용적률의 1.2배 이하 범위 안에서 가능
- **녹색 건축물 및 ZEB 인증**: ZEB(Zero Energy Building, 제로 에너지 건축물) 인증 등을 초과 획득해 용적률을 완화받은 경우
- **공개공지**: 의무 면적 이상으로 공개공지를 설치하는 경우

이처럼 '역세권 활성화' 사업은 단순히 건물을 높이 짓는 것을 넘어 공공기여와 혁신적인 디자인, 친환경 건축 등을 결합하여 도시 전체의 가치를 함께 높이는 복합적인 성장 프로그램이라고 할 수 있습니다.

05 '역세권 활성화' 투기 방지 장치 - 기준일과 행위 제한

'일반 재개발' 기준일은? 권리산정 기준일
'역세권 활성화' 기준일은? 대상지 선정 통보일

재개발 투자는 아파트를 받느냐, 못받느냐를 가르는 기준일이 있습니다. '일반 재개발' 기준일은 권리산정 기준일을 별도로 발표하지만, '역세권 활성화' 사업에서는 '대상지 선정 통보일'을 권리산정 기준일로 고시합니다. 이들 기준일의 핵심 목적은 지분

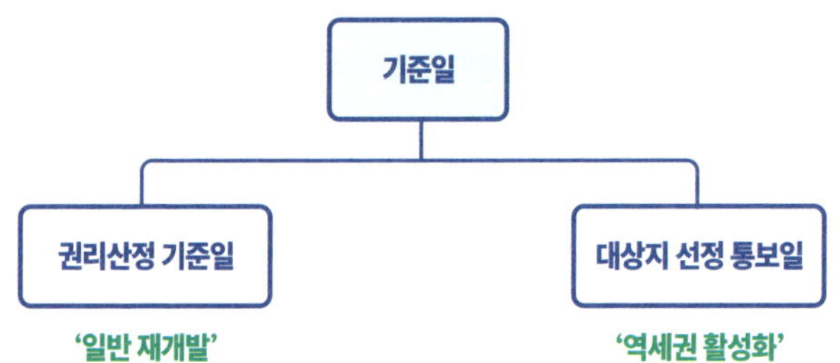

쪼개기나 신축을 통해 무분별하게 '새 집을 받을 권리(입주권)'를 늘리려는 투기 행위를 막기 위해서입니다.

사과상자(사업 대상자), 사과(토지나 건물), 황금사과(입주권)의 관계와 기준일

재개발 기준일을 좀 더 쉽게 이해하기 위해 '사과상자'를 비유해 예로 들어보겠습니다. 사과상자(사업 대상지)는 재개발 사업을 하기로 한 동네 전체이고 사과상자 속 사과(토지나 건물)는 현재 동네 주민들이 가지고 있는 토지나 건물이라고 생각해 보세요.

주민들이 소유한 사과는 나중에 사업이 완료되면 황금사과로 되돌려받습니다. 이 황금사과가 바로 새 아파트를 받을 수 있는 권리(입주권)죠. 기준일 전에는 사과 하나와 황금사과 하나를 맞바꾸는 사람도 있고 사과 2개와 황금사과 큰 것 하나와 맞바꾸는 사람도 있습니다. 때로는 사과 반쪽을 황금사과 하나와 바꾸는 일도 벌어집니다. 하지만 기준일이 생기면 절대 사과를 안 바꿔 줍니다.

사업 대상지 발표 전후가 되면 투기꾼들이 활발하게 작업합니다. 사과 1개를 4조각으로 잘게 쪼개서(단독주택을 다세대로 쪼개기 또는 토지 분할, 신축 쪼개기) 황금사과를 받을 사람의 수를 1명에서 4명으로 늘리는 식입니다. 바로 이때 기준일이 쾅! 하고 찍히면 이 날짜 이후부터는 사과를 아무리 쪼개거나(세대수 증가) 사과를 새로 심어도(건축

허가 및 신고) 기준일 이전에 사과 1개를 가진 사람만 황금사과**(입주권)** 를 주는 것이죠. 즉 기준일 이후에 투기꾼들이 어떤 행동을 해도 새 아파트를 받을 권리는 인정받지 못합니다. 따라서 기준일은 투기 목적으로 집을 여러 채 나누는 것을 원천적으로 막는 기준 선인 셈이죠!

재개발 종류마다 기준일이 모호하다?

문제는 쪼개진 건물의 상태가 기준일 전에 어떻게 되어 있느냐는 것입니다. 기준일은 해석에 따라 건축 허가 접수일, 착공 시작일, 사용 승인일, 등기 완성일 등 다양해서 아직은 해석이 모호한 상태입니다. 그동안 서울시 답변을 추론해 보면 '모아타운'은 착공 시작일을, '역세권 활성화'는 사용 승인일을 기준일로 합니다. '신속통합기획' 재개발은 등기 완성일로 기준일을 삼고 있지만, 나중에 모두 통일될 가능성이 높습니다. •

추가 투기 방지 대책 – 행위 제한

기준일과 함께 행위 제한도 투기 방지를 위해 시행됩니다. 기준일은 행위 자체를 막기보다는 해당 행위로 만들어진 물건의

• 재개발 사업을 진행할 때 각 사업 유형별 기준일에 대해서는 '부록. '일반 재개발' vs. '역세권 재개발' 비교하기' 의 269쪽을 참고하세요.

권리를 없애는 형식인데, 행위 제한은 아예 행위 자체를 못하게 막는 것입니다. 행위 제한의 종류는 다음과 같습니다.

- **시행 내용**: 이 제한은 주로 '고시일'을 기준으로 추진되고 구청장이 국토계획법에 따라 건축 행위나 토지 분할 등을 일정 기간 막는 것을 의미
- **제한 행위 예시**: 새로운 건축물을 건축하거나 신고 주택으로 용도를 변경하는 행위로, 토지 분할 등 세대수를 증가시키는 모든 행위

이 행위 제한은 앞선 투기꾼들의 사과 쪼개기를 물리적으로 막는 '봉인' 조치와 같습니다. 다만 재해복구 같은 응급조치나 세대수가 늘어나지 않는 단순 대수선(**건축물의 구조나 외부 형태를 수선 및 변경, 증설하는 것**) 등은 예외가 될 수 있습니다.

내 물건의 기준일은 이렇게 확인해라

기준일은 단순히 인터넷 검색으로 쉽게 알 수 있는 정보가 아닙니다. 너무나도 복잡한 경과 조치와 법령 해석이 얽혀 있어서 관청조차도 일반적인 문의에 명확하게 답변해 주기 어렵습니다. 투자자는 해당 지역이 어떤 법규를 따르고 있는지 확인하고 다음 3가지 중요한 시점을 역추적해야 합니다.

1 | 기본 계획 수립 시점 및 지구단위계획 결정 시점

해당 지역에 대한 최초의 건축 행위 제한이나 정비사업계획이 세워진 날짜를 확인합니다. 이것은 구조례 ● 적용 지역인지의 여부를 판단하기 위해서입니다.

2 | 최초 투기 방지 목적의 행위 제한 고시일

신통기획 등 특정 사업을 추진할 때 서울시가 별도로 발표한 기준일이 있는지 확인합니다.

3 | 사업 종류별 기준일

해당 사업이 일반 '도시 및 주거환경정비법(도시정비법, 도정법)' 재개발인지, '빈집 및 소규모 주택정비에 관한 특례법'인지에 따라 조합설립인가일 등 기준일이 달라질 수 있음을 인지해야 합니다.

다음 그림과 같이 기본 계획 이후 구역 지정을 거쳐 한 단계씩 진행되다가 과거 박원순 서울시장 시절 구역 지정이 해제되어 무산된 재개발 지역이 많습니다. 이 중에서 최근에는 다시 신속통합이나 기타 여러 가지 다른 재개발로 다시 추진되는 지역이 있는데, 해당 지역은 관련 재개발에 맞게 다시 권리산정 기준일이 발표되곤 합니다. 이때 이들 지역에 대해 구조례를 적용할지의 여부는 아직 명확한 해석이 없습니다. 하지만 구조례도 포함하여 해석하는 것이 맞다는 의견이 우세합니다. 다시 말해서 새로

● **구조례 적용의 중요성**: 과거 뉴타운지역으로 지정되었다가 해제된 구역에서 복잡한 기준일 충돌이 발생하기도 합니다. 서울시 구조례(2010년 7월 16일)에서는 신축 쪼개기 제한을 2008년 7월 30일을 기준일로 삼았는데, 이후 뉴타운 해제로 건축이 풀려 신통기획 기준일이 공표되었다고 가정해 봅시다. 신통기획으로 다시 추진되면서 새로운 권리산정 기준일이 발표되었어도 더 오래된 지구단위계획이나 기본 계획에 의한 구조례 기준이 여전히 살아있다면 신통기획 기준일 이전에 지어진 건물도 아파트를 받을 수 없거나 합산됩니다.

운 진행에 의한 권리산정 기준일과 구조례에 의한 구법 기준일이 동시에 적용될 가능성이 높으므로 신중하게 투자해야 합니다.

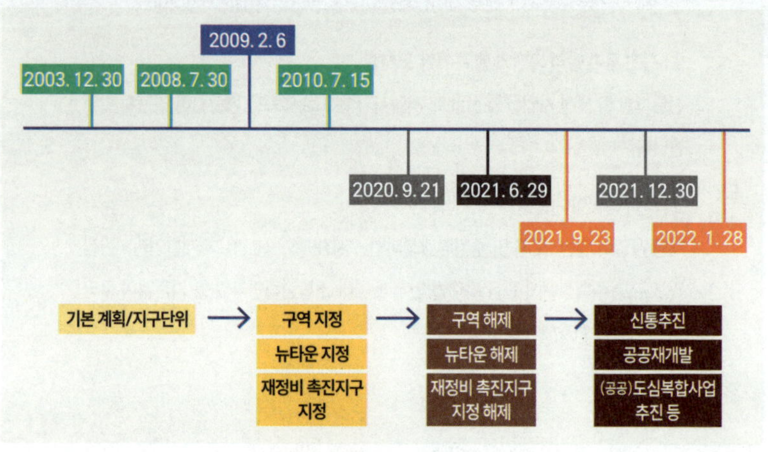

권리 변경을 위한 시점 관리의 중요성

재개발 투자의 성공은 이미 정해진 물건의 가치에 달려있는 것이 아니라 '기준일'이라는 법적 타이밍을 얼마나 정확하게 관리하느냐에 달려있습니다. 기준일 전에 합법적으로 물건을 분리하거나, 신축하거나 합치는 행위는 투자 수익을 극대화하는 핵심 기술입니다.

전문가의 역할이 있다면 바로 이 날짜를 정확히 짚어주는 것입니다. 투자자에게 '이 날짜 이후에는 절대 물건을 분리시키거나 합하지 말아야 합니다.'라고 명확한 시점을 경고하여 수익 원의 가치가 달린 분양권 획득 여부를 확실하게 결정해야 합니다. 재개발 투자는 법률적 논리를 먼저 이해하고 그 논리가 허용하는 '타이밍'을 활용하는 등 지극히 이성적인 접근 방식이 필요합니다. 여러분도 이 책을 통해 전문가적인 역량을 차근차근 쌓아가기를 바랍니다.

기준일 전 전격 토지 분할로 8억 원을 번 이야기

상담 사례 – "지분이 큰데 아파트 1채만 받는다고요?"

역세권 인근에 360m^2 토지 소유자가 있었습니다. 이대로 재개발이 진행된다면 아파트 1채만 받게 되는 처지였죠. 이 분은 새 아파트를 여러 채 받고 싶은데, 보유 지분이 아까워서 상담을 요청해 오셨습니다. 필자는 아직 '역세권 활성화' 사업의 기준일(=대상지 선정 통보일)이 지정되기 전이니 이 토지를 4개의 필지로 분할하거나 공유 지분으로 나눠서 4인이 취득하는 방법을 제안했습니다. 이렇게 하면 합법적으로 아파트 4채의 분양 자격을 확보할 수 있기 때문입니다.

실제 현장에서는 이러한 타이밍 전략이 극적인 수익으로 이어지기도 합니다. 기준일이 도래하지 않은 현장에서 360m^{2}를 4개로 나누는 권리 변경 컨설팅을 진행하여 투자자가 개당 프리미엄 2억 원씩, 총 8억 원의 수익을 기대할 수 있는 것입니다.

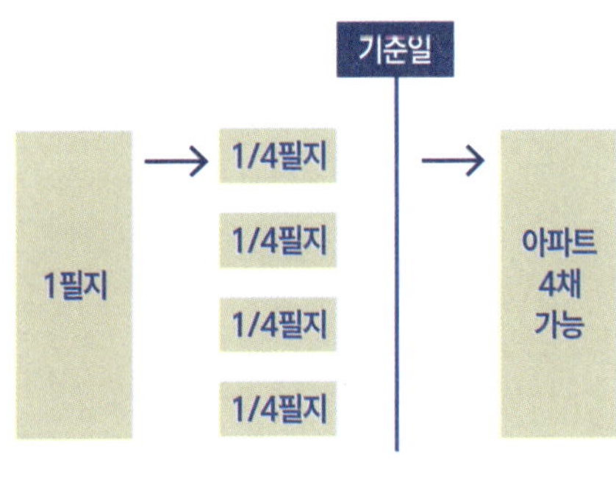

셋째 마당

서울시 역세권 재개발 최강투자

'역세권 소규모 재개발' 실전 투자 사례

(ft. 숙대입구역 청파동3가)

‘역세권 소규모 재개발’ 대상지
역세권 또는 준공업지역

‘역세권 소규모 재개발’ = ‘소규모 재개발’은 같은 말!

‘소규모주택정비법’에 따른 ‘소규모 재개발’은 역세권에서만 가능한 사업이지만, 개발 방식의 명칭에는 ‘역세권’이라는 단어가 포함되어 있지 않습니다. 그래서 재개발 전문 유튜버들도 ‘소규모 재개발’이 역세권에서만 가능한 재개발인지 잘 모르는 경우가 많습니다.

‘도심복합사업’이란 단어도 ‘역세권’이라는 말이 포함되어 있지 않지만, ‘도심’이라는 표현 속에 어느 정도 도시 중에서도 핵심 지역, 특히 ‘역세권’이라는 말이 포함된 것으로 추정됩니다. 이러한 범주 안에 ‘소규모 재개발’도 역세권 사업에 들어가므로 필자는 ‘역세권 소규모 재개발’이라고 명명합니다. 왜냐하면 바로 ‘소

규모 재개발' 사업의 대상지 선정 기준에 그 범위를 '역세권'에서
만 가능하도록 명시하고 있기 때문입니다(예외적으로 준공업지역도 가능).

'역세권 소규모 재개발' 대상지의 충족 조건

이제 '역세권 소규모 재개발' 사업의 대상지 선정을 위한 기준
을 좀 더 자세히 알아보겠습니다. '역세권 소규모 재개발' 대상지
는 '빈집 및 소규모 주택정비에 관한 특례법(소규모주택정비법)에 역세
권 또는 준공업지역으로서, 다음의 요건을 모두 충족하는 지역'
이라고 정하고 있습니다.

해당 요건을 잘 검토하여 아직 재개발 지역이 아닌 숨은 진주
를 찾는 노력을 해나가기를 바랍니다. 지식이 쌓여 집단지성을
만들고 더 많은 현장을 발굴해서 필자와 함께 아파트 입주까지
의 모든 과정을 함께 추진할 수 있게 되기를 간절히 희망합니다.

다음은 '역세권 소규모 재개발' 지역으로 선정되기 위한 조건
을 정리한 표입니다. ❶ 위치/용도지역, ❷ 면적 기준, ❸ 노후도
기준, ❹ 도로 조건, ❺ 기타(기존 사업지역 제외 여부) 항목에 따른 세부
내용을 정확하게 확인하기 바랍니다.

■ **'역세권 소규모 재개발' 선정 요건과 상세 내용**

구분	선정 요건	상세 내용
❶ 위치/용도 지역	역세권 또는 준공업지역	• 사업시행구역의 면적 과반이 철도역 승강장 경계로부터 반경 250m 이내인 지역을 역세권으로 정의하는데, 서울특별시 통합심의위원회 심의에서 인정하는 경우 350m 이내도 포함됩니다. • 준공업지역 관련 사항은 '도시계획조례' 및 '준공업지역 제도 개선 방안'을 따릅니다.
❷ 면적 기준	5,000㎡ 미만	• 소규모 적용 면적
❸ 노후도 기준	노후·불량 건축물 3분의 2 이상	• 노후 불량 건축물의 수가 해당 전체 건축물 수의 3분의 2 이상이 되어야 합니다. • 노후·불량 건축물의 정의는 '도시정비법'에 따릅니다.
❹ 도로 조건	일정 너비 이상의 도로 접촉	다음 중 하나의 조건을 충족해야 합니다. • 도로 및 예정 도로 등이 2개 이상으로, 너비가 각각 8m 이상과 4m 이상인 도로에 접할 것 • 도로 및 예정 도로 등이 하나인 경우 너비가 20m 이상인 도로에 접할 것
❺ 기타(기존 사업지역 제외 여부)	기존 사업지역이 아닐 것	• 정비구역 및 정비예정구역, 재정비촉진지구, 도시개발구역 등 기존 사업지역이 아닐 것

역세권 350m 사업 대상지를 지정할 때의 절차

일반적으로 '역세권 재개발' 사업에서 역세권 지정은 사업시행구역의 면적 과반이 철도역 승강장 경계로부터 반경 250m 이내여야 합니다. 하지만 승강장 경계 및 출입구로부터 350m 이내의 토지를 사업 대상지로 지정하는 경우 자치구청장은 조합설립인가 전 토지 등 소유자의 40% 이상 동의 확보 후 서울시 전문가 사전자문을 통해 사업 대상지 범위의 적정성 여부를 판단합니다. 관련 법령 적용은 '소규모주택정비법' 등에 따른 소규모 재개발 사업에 필요한 사항을 규정하는 것으로, 관련 규정에서 정하지 아니한 사항에 대해 적용합니다. 관련 규정이 개정되면 개정된 규정을 따릅니다.

02

'역세권 소규모 재개발'의 시작
주민동의서 받기

사업 초기에는 철통보안 필수!

'준비마당. 서울시 역세권 재개발 기본기'의 98쪽에서 설명한 대로 재개발 전문가는 여러 유형이 있습니다. 이들은 재개발 프로세스의 시작과 중간, 그리고 마지막 단계를 담당할 뿐만 아니라 각각 추구하는 수익 모델이나 정보 보안의 수준도 서로 다릅니다.

예를 들어 시세 차익에 중점을 둔 투자자들은 남들이 잘 모를 때 조용히 사야 싸게 살 수 있기에 매입 과정에서 정보 보안을 철저히 지키지만, 매도 타이밍이 오면 달라집니다. 매수자들이 많아질수록 높은 가격에 팔 수 있어서 블로그와 유튜브 등을 비롯하여 정보를 여기저기 노출합니다.

하지만 필자처럼 정비사업 전문 관리업을 진행하고 가치 창출에 중점을 둔 입장이라면 어떨까요? 필자도 초기 사업을 진행할 때는 정보 노출을 꺼립니다. 왜냐하면 단순히 매입가격을 낮추기 위해서가 아니라 온전히 재개발이 진행되도록 정보 보안에 매우 신중을 기하는 것입니다. 정보가 여기저기 노출되면 투자자가 많아지고, 지분 쪼개기가 활발해지면 조합원의 숫자가 늘어나서 사업성이 낮아지며, 자칫 주민동의서를 받는 도중에 노후도 요건이 깨질 수 있습니다. 그러다가 재개발 사업이 중단되어 철수하기도 하죠. 정비사업 전문 관리자들은 재개발 진행이 깨지지 않겠다는 자신감이 생겼을 때 외부에 정보를 노출합니다. 그전까지는 철통보안이죠.

주민동의서를 받기 위한 9단계 과정 (ft. 정비사업 전문 관리자 입장)

지금 소개하는 청파동3가 '역세권 소규모 재개발' 추진 구역은 필자가 초기부터 진행한 현장입니다. 역세권 재개발은 주민이 요구해야 관이 움직이므로 주민동의서를 받는 것(=동의서 징구)으로 시작합니다. 처음 '동의서 징구' 의뢰가 들어왔을 때 정비사업 전문 관리(PM)를 진행해도 될지 함께 결정해야 했는데, 이를 위해 다음과 같이 9단계를 거쳐 '동의서 징구'를 시작했습니다.

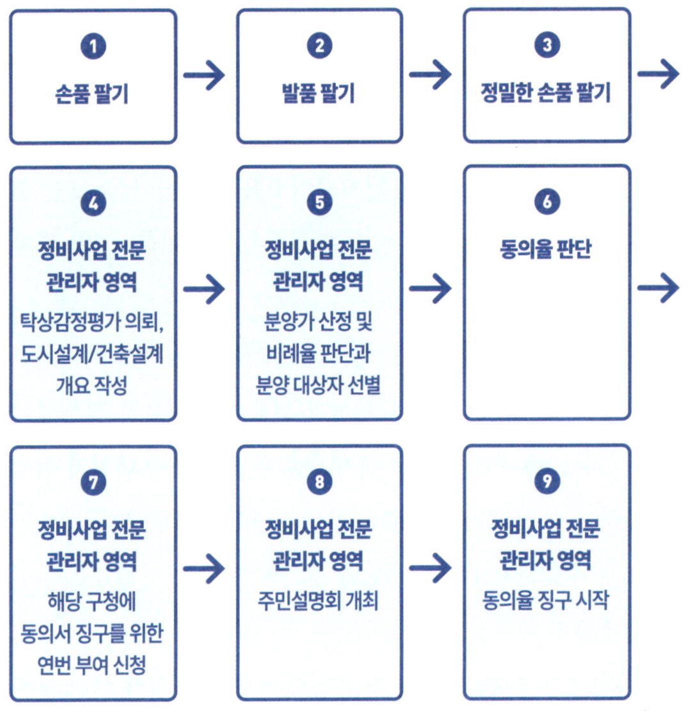

먼저 주민동의서를 받을 만한 지역인지 살펴보기 위해 필자도 일반 투자자처럼 ❶ **손품 팔기**부터 시작합니다. 이때 각종 도시계획 자료와 인터넷 사이트를 돌아보면서 대상지 가능성 분석, 매물 거래/가격 동향 분석, 임대료(전세/월세) 분석을 함께 진행합니다.

그런 다음 ❷ **발품 팔기**를 진행합니다. 현장 주민들의 동향, 영업 업종들의 운영 상태를 직접 눈으로 확인하고 주말과 평일, 점심과 저녁으로 나누어 최소 3시간 이상 영업 상태를 확인합니다. 이 작업이 끝나면 실제 중개사무소에서 거래되는 권리금 유무 또는 금액을 점검합니다.

❸ **정밀한 손품 팔기** 과정을 추가로 진행합니다. 이때 건축물대장, 등기부등본, 토지이용계획확인원을 발급받아 소유권 현황, 면적, 건축물의 유형 등 정밀 분석에 들어갑니다. 일반 투자자 중에서 여기까지 진행하는 분들도 제법 많은 것 같습니다.

그다음 단계는 본격적으로 정비사업 전문가 영역에 들어가는데, ❹ **탁상감정평가 의뢰, 도시설계/건축설계 개요를 작성합니다**. 그런 다음 ❺ **분양가 산정 및 비례율 판단과 분양 대상자 선별**을 진행하고 이를 기반으로 ❻ **동의율 판단**을 진행합니다. 반대할 만한 소유자(**월세가 지나치게 높은 건축물**)의 숫자와 해당 면적을 조사하여 전체적인 동의 여부를 판단합니다.

이 과정을 거쳐 ❼ **해당 구청에 동의서 징구를 위한 연번 부여 신청**을 진행하고 ❽ **주민설명회 개최**를 시작한 후 이러한 과정이 끝나면 ❾ **동의서 징구를 시작**합니다.

청파동3가 주민설명회 현장 – 동의서 징구 직전에 개최됩니다.

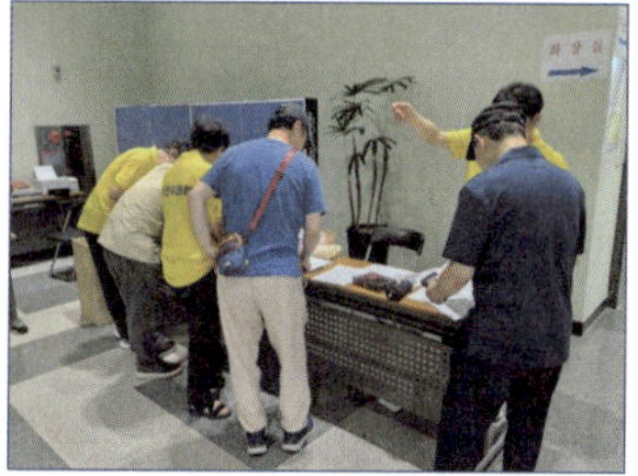

주민동의서 접수 현장

청파동3가 주민동의서를 받기까지 되돌아보니 마라톤을 뛰는 것과 같았습니다. 집요한 숨 고르기와 빠르면서도 너무 빠르지 않게, 느리면서도 너무 느리지 않게 묵묵하게 달렸습니다. 이 책을 통해 전체 과정을 회상하는 기분은 정말 즐겁습니다. 향후 아파트 입주를 시작하게 되면 그때는 감격의 도가니일 듯합니다.

재개발 핵심 주체는 오히려 정보 공개를 꺼린다

일반인들은 정보 접근성 때문에 유튜브에서 재개발 전문가를 쉽게 만납니다. 그들은 흩어져있는 도시개발 정보를 토대로 '해당 지역 띄우기'를 목표로 정하고 홍보를 진행합니다. 그저 팔 때가 되어서 정보를 살짝 섞어서 내보내는데, 아무것도 모르는 일반인들은 덥석 덤벼듭니다. 필자는 이러한 현상을 재개발 진행 단계와 가격 동향을 가늠하는 잣대로써 '호구동향'이라고 부르는데, 이 책을 읽는 독자분들은 여기에 끼어들어가지 않기를 바랄

뿐입니다.

　실제로 재개발 추진 업무를 담당하는 전문가들은 정보 보안이 재개발 성공과 직결되기에 가급적 초기 정보를 홍보하는 미련한 상황은 만들지 않습니다. 신축 쪼개기와 조합원 수가 늘어나서 사업성이 나빠지고 결국 재개발 진행이 중단되니까요. 재개발에 방해가 안 되는 정보 공개 시점은 사업 밑그림 초기에는 사실상 불가능합니다. 대신 어느 정도 업무를 진행하기 위한 완성 단계나 공개해도 사업이 망가지지 않을 단계에 왔을 때나 공개할 수 있는데, 그 시기는 사업장마다 조금씩 다릅니다.

03

청파동3가
'역세권 소규모 재개발'
성공 요인

청파동3가 '역세권 소규모 재개발' 구역은 필자가 직접 동의서를 걷으면서 주민을 설득해 추진하고 있는 역동적인 현장입니다. 초기 밑그림이 모두 그려진 상태이며 구청에서 동의서 징구를 위한 승인 절차도 마쳤고 더 이상 신축 쪼개기를 하기가 어려운 구역입니다. 드디어 권리산정 기준일 지정이 임박했기 때문입니다.

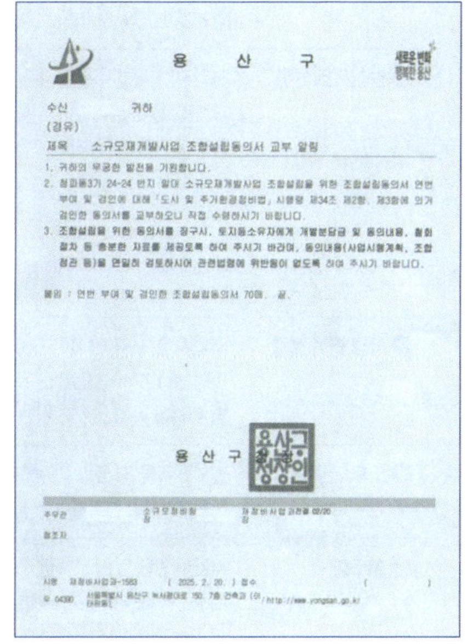

숙대입구역 입지가 '역세권 소규모 재개발' 조건 충족!

숙대입구역(4호선) 인근에 위치한 이 동네는 서울시에서 보기 드문 개발 가치가 높은 땅을 소유하고 있습니다. 이곳은 역세권에서만 가능한 재개발 조건에 딱 맞아서 일반 재개발과는 달리 용적률 혜택을 많이 받았는데, 세부 내용은 다음과 같습니다.

■ 숙대입구역 청파동3가 '역세권 소규모 재개발' 사업 충족 조건

사업 충족 조건	세부 내용	기준
❶ 역세권 충족	숙대입구역(4호선) 승강장 경계로부터 직선거리 240m 이내에 사업지가 100% 들어옴	역세권 기준 250m 이내, 서울시 통합심의위원회가 심의해서 인정하면 350m 이내도 포함
❷ 간선도로 인접	사업지가 서울시가 고시한 청파로(간선도로)와 붙어있어서 용도지역 상향을 위한 조건 충족	다음 중 하나의 조건을 충족해야 함 • 도로 및 예정 도로 등이 2개 이상으로, 너비가 각각 8m 이상과 4m 이상인 도로에 접할 것 • 도로 및 예정 도로 등이 1개인 경우 너비가 20m 이상인 도로에 접할 것
❸ 사업 면적 적합	사업시행 구역 면적이 5,000m² 미만(4,897m²)으로, 소규모 재개발 요건에 적합	5,000m² 미만
❹ 노후도 충족	전체 건축물 31동 중 29동(93.5%)이 노후·불량 건축물	노후 및 불량 건축물 3분의 2 이상
❺ 희소성	서울시 안에 있는 지하철역 300여 개 중 '역세권 소규모 재개발' 방식이 가능한 몇 안 되는 현장 중 하나	기존 사업지역이 아님

사업성 극대화 ❶ 사업 기간 단축(5년 후 입주 목표)

신속통합기획(신통) 재개발은 여러 절차를 하나로 묶어서 신속하게 진행하는 방식으로 개발됩니다. 하지만 청파로3가는 '역세권 소규모 재개발'*로 아예 앞쪽의 절차를 생략할 수 있어서 '신통'보다 더 빠르게 진행할 수 있어요. '일반 재개발'**과 차이를 살펴보면 절차 중 '정비계획 수립'과 '추진위원회 구성' 단계가 아예 없습니다. 처음에 구역 지정 없이 바로 조합설립으로 시작하므로 사업 기간이 전체적으로 약 1/3 정도(약 3년) 줄어듭니다. 결과적으로 5년 내 입주를 목표로 하고 있습니다.

사업성 극대화 ❷ 용도지역 상향

청파동3가 현장은 원래 용도지역(2종, 3종)으로는 건물을 지을 수 있는 층수(용적률)가 낮아 사업성이 떨어졌습니다. 하지만 서울시에서 가능한 용적률 상향 적용을 받으면서 3종, 준주거로 종이 상향되었고 결과적으로 사업성이 좋아졌습니다. 이것은 역세권에서나 가능한 일입니다.

용도지역이 상향되면서 통합 평균 용적률이 약 '466%'로 높아졌습니다. 기부채납(임대아파트)을 높이면 용적률이 더 높아질 가능

*　이 사업은 '빈집 및 소규모 주택정비에 관한 특례법'의 소규모 재개발 방식으로 진행되었습니다.
**　일반 재개발 절차에 대해서는 '부록. '일반 재개발' vs. '역세권 재개발' 비교하기'의 236쪽을 참고하세요.

성이 있습니다. 과거 이 지역이 특별계획구역으로 묶여있을 때 **(2016년 해제 전)** 최고 용적률은 400%였고 개발 이익도 시행사가 가져가는 구조였습니다. 하지만 이제는 용적률을 466% 이상 확보하면서 소유자인 조합의 이익이 더욱 극대화되었습니다.

■ 용도지역별 용적률 상향 계획

	현재 용도지역	용적률 상향 계획(준주거지역으로 상향 시 최대 효과)
2종 일반주거지역	용적률 200% 이하	3종 일반주거지역으로 상향(용적률 250% 이하)
3종 일반주거지역	용적률 250% 이하	준주거지역으로 상향(용적률 500% 이하)

사 업 계 획 서

1. 사업개요

구　분	내　용
사 업 명	용산구 청파동3가 24-24번지 일대 소규모재개발사업
대지위치	청파동3가 24-24번지 외 54필지
지역지구	제3종일반주거지역, 제2종일반주거지역
구역면적	4,897.4㎡ (도로계적 189㎡ 포함)
토지등소유자수	50명
건립규모	지하4층 ~ 지상29층
건립세대수	공동주택224세대 및 근린생활시설
건축면적	1,560.80㎡
건 폐 율	33.15%
연 면 적	36,559.71㎡ (11,059.3평) (지상층: 21,977.44㎡ / 지하층: 14,582.27㎡)
용 적 율	466.77%

04 청파동3가 용도지역 상향으로 29층 건축물 구상하기

용적률 466.77%, 지하 4층~지상 29층 건축 가능

청파동3가가 '역세권 소규모 재개발'이 되면서 용도지역 상향을 전제로 했을 때 용적률은 466.77%가 됩니다. 이것을 토대로 건축물을 구상하면 지하 4층~지상 29층이 됩니다.

■ 용적률 466.77%인 건축물의 세부 건축계획안

건축 규모	지하 4층~지상 29층
총 세대수	224세대의 공동주택 및 근린생활시설(상가) ※ 보수적 예상안으로 실제 협의진행 후 추가 상향될 가능성 높음
예상 평형(안)	전용 59m²형(25평형) 112세대, 전용 84m²형(34평형) 112세대
용적률	466.77%

조합원 수 50여 명, 224세대! 환상적인 사업성

다음은 이러한 구상을 바탕으로 만든 건축물 조감도입니다.

'역세권 소규모 재개발' 예상 조감도(1, 2구역 합산 약 500세대)

건축 개요의 평형과 규모는 전문가가 제시한 보편적인 안으로, 아직 확정된 사항이 아닙니다. 조합설립 후 조합원들의 의견을 수합하여 40평, 50평 등 원하는 평형을 반영해 변경할 수 있습니다.

조합이 이 사업의 주인입니다. '역세권 소규모 재개발' 요건에 맞는 지역이 어떻게 용도지역이 상향되고 용적률을 높여서 사업성이 좋게 확보되었는지 좋은 사례를 보여주고 있습니다. 이와 같은 지역은 보석처럼 여기저기 숨겨져 있습니다. 그러므로 여러분이 직접 공부해서 발로 뛰고 찾는다면 앞에서와 같은 환상적인 사업성을 경험할 수 있을 것입니다.

05 청파동3가 조합원이 받을 예상 수익은?

(ft. 비례율과 프리미엄)

약 174세대 추가 예상, 조합원 부담금 최소

청파동3가 역세권 소규모 재개발 구역 중에서 첫 번째 현장의 조합원 수는 약 50여 명입니다. 용도지역 상향 덕분에 용적률 466.77%를 받을 경우 총 224세대가 예상됩니다. 조합원 수보다 약 174세대가 추가로 나오는 구역이라 사업성이 매우 좋고 결과적으로 조합원 추가 부담금이 크게 줄어듭니다.

조합원 수익 계산을 위한 지표 — 비례율

비례율이란 권리가액을 계산하는 지표로서 사업 전 재산 가치(종전 자산) 대비 개발로 인해 얼마나 이익이 발생하는지를 보여줍니다. 용도지역 상향 전에 건물을 지을 경우 비례율은 90%였습니다. 이 말은 10억 원짜리 재산이 9억 원짜리 권리가 된다는 뜻입니다. 이렇게 개발된다면 아마 동의할 조합원이 거의 없을 겁니다. 하지만 '역세권 소규모 재개발'을 통해 용도지역을 상향하면 예상 비례율은 117% 정도 됩니다. 종전 자산평가액이 10억 원일 경우 비례율 117%를 적용하면 권리가액은 11억 7,000만 원이 됩니다. 이렇게 비례율이 높을수록 조합원이 가져갈 예상 수익은 더욱 커집니다.

분양 기준가액＝종전 자산×비례율

비례율이 커질수록 사업성↑

조합원 수익을 높이는 혜택 − 분양가 할인, 동호수 우선 선택

일반적으로 조합원은 **일반분양가보다 평균 15% 정도 낮게 분양**받습니다. 참고로 청파동3가는 분양가상한제 적용 지역(용산구)이어서 일반분양가도 인근 시세보다 10억 원 정도 저렴할 것으로 예상됩니다. 물론 일반분양가가 낮아져서 아쉬울 수 있지만, 결과적으로 조합원 분양가도 인근 시세보다 저렴하게 시작하고 여기서 다시 15% 정도 할인을 적용하니 결국 조합원에게 이득입니다.

그리고 조합원은 일반분양하기 전에 **좋은 층수와 향을 먼저**

선택할 수 있습니다. 청파동3가의 경우 총 224가구가 건축된다고 가정했을 때 조합원이 가져가는 물량은 50여 가구 내외여서 모든 조합원이 로열층, 로열동을 선점할 수 있습니다. •

조합원 물건 10억 원짜리가 5년 후 25억 원?

197쪽의 예를 통해 10억 원짜리 빌라가 새 아파트가 될 때의 수익을 예상해 볼까요?

❶ 비례율 117%에 의거하여 권리가액 11억 7,000만 원짜리 물건을 보유한 조합원이 있다고 가정해 봅시다.

❷ 조합원 분양가에 15% 할인을 적용하면 약 10억 원 정도가 되고 여기에 로열층 프리미엄을 환산해 보면 약 2~3억 원 정도 추가될 것입니다. ••

❸ 주변 시세를 감안했을 때 5년 후 미래의 자산 가치는 약 10억 원짜리 자산이 25억 원 이상의 가치가 되어 최소 15억 원 이상 자본 수익이 창출될 것으로 예상됩니다. **(물론 이것은 추정치이고 시세 변동에 따라 달라질 수 있습니다.)**

• 조합원 중에서 지분이 큰 경우 1+1 분양이 가능한데, 이럴 때 추가로 플러스되는 아파트 배정은 로열층, 로열동 배정에서 예외일 수 있습니다. 1+1 분양에 대해서는 203쪽을 참고하세요.

•• 일반층 대비 프리미엄 비율은 보통 10~30% 수준이지만, 인기 지역이나 신축 단지에서는 20~40%까지 올라갑니다. 정확한 비율은 해당 단지의 분양가, 시세, 평형, 층수, 입지 등 다양한 요소를 종합적으로 고려해서 산정해야 합니다.

조합원 빌라 10억 원짜리가 새 아파트가 될 때 예상 수익은?

1. **비례율 117% 적용**
   10억 원(종전 자산) + 1억 7,000만 원(117% 비례율 적용)
   = 11억 7,000만 원

2. **조합원 분양가 15% 할인 적용**
   11억 7,000만 원 − 1억 7,550만 원(15% 할인)
   = 9억 9,450만 원 ≒ 약 10억 원

3. **주변 시세에 로열층 프리미엄 적용**
   약 25억 원 + α

최소 **15억 원 이상** 수익 예상!

이런 계산식을 토대로 조합원들을 설득할 수 있었고 이 과정을 지켜본 사람이라면 누구나 재개발에 눈을 뜰 수밖에 없습니다.

06 재개발 로열평, 로열층 선점 필승 전략

조합원에게 배정되는 아파트는 '크기(**평형**)'와 '로열층' 여부에 따라 수억 원의 가치가 결정됩니다. 이제부터는 투자자들이 가장 궁금해하는 2가지 질문, '몇 평을 받게 될까?'와 '로열층은 어떻게 배정될까?'에 대한 숨겨진 규칙과 전문가의 노하우를 공개합니다.

나는 몇 평을 받을까? – 권리가액과 '가장 인접한' 분양가액에 배정

평수 배정은 내 자산이 환산된 가치인 '권리가액'(**구역 내 조합원이 소유한 토지 등 건축물의 총가액**)이 얼마인지에 달려있습니다. 물론 권리산정 기준일에 부합하지 않는 경우(**예 신축 쪼개기 등**)에는 권리가액이 '0'이 되어 아파트 배정에서 아예 제외됩니다.

　조합원 평형 배정의 가장 큰 원칙은 '내 권리가액에 가장 인접한 분양가액의 주택을 준다.'는 것입니다. 33평 분양가가 5억 원, 40평 분양가가 7억 원일 때 내 권리가액이 5억 1,000만 원이라면 33평에 가장 인접해 있으므로 33평을 받는 것이 원칙입니다. 하지만 2003년 이전에는 단순히 '인접한 평형'을 준다고만 규정하여 권리가액이 5억 원일 때 3억 원짜리 33평에도, 7억 원짜리 40평에도 모두 인접했다고 해석될 여지가 있어 무척 혼란스러웠습니다. 이후 법이 **가장 인접한 평형**'으로 명확히 바뀌었습니다.

대형 평형을 배정받으려면? – '50% 룰'과 서울시의 혁신

　국민주택 규모(**약 33평, 전용 면적 85m²**)를 초과하는 대형 평형(**40평, 50평 등**)에 대한 배정은 규정이 더 까다롭습니다. 대부분 시·도는 '50% 강행 규정'을 적용하는데, 대형 평형의 경우 전체 건설 호수의 50%를 초과하여 조합원에게 배정할 수 없도록 강제로 규정하고 있습니다. 즉 10채를 지으면 최대 5채까지만 조합원에게 돌아가고 나머지는 일반분양해야 합니다(**예외는 드물지만 여기서는 생략**). 하지만 과거 서울시 조례는 이 '50% 강행 규정'을 삭제했습니다. 즉 서울 지역 재개발 현장은 조합원들이 원한다면 40평, 50평 같은 대형 평형을 100% 모두 조합원이 가져갈 수 있게 된 것입니다. 이것은 조합원의 수익 극대화에 매우 유리한 조건입니다(**다른 시·도에서도 변경 예상**).

최악의 상황은 현금청산 – 조합원이 많거나, 권리가액이 낮거나

간혹 조합원 숫자가 너무 많을 경우 지어질 아파트 물량을 초과하는 경우가 발생합니다. 지을 수 있는 33평이 다 차고 내 권리가액이 남들보다 낮다면 아파트를 배정받지 못하고 현금청산되어 조합에서 강제 퇴출될 수 있습니다. 물론 대부분의 현장에서는 소형 평수를 더 지어서 조합원을 구제하는 방법을 취합니다.

물론 최소한의 법적 안전망으로서 국민주택 규모(33평형) 아파트까지는 조합원에게 우선 배정해야 한다는 규정이 있습니다. 만약 33평도 부족하여 현금청산될 위기에 처한 조합원이 있다면 일반분양 물량으로 돌릴 예정이었던 대형 평형(40평 이상)을 다시 조합원에게 돌려(끌어올려) 최소한 33평이라도 받을 수 있게 해 주는 규정이 있는 셈입니다. 그래도 내 권리가액 순위가 너무 낮으면 결국 현금청산될 수 있다는 점을 꼭 명심해야 합니다.

재개발 로열층 배정 순서 3단계

사람들은 권리가액이 높으면 당연히 로열층을 먼저 받을 것이라고 생각하지만, 재개발은 그렇지 않습니다. 결국 추첨으로 결정되죠. 로열층을 배정하는 순서는 다음과 같습니다.

단계	진행 과정	내용
1단계	희망(신청)하기	• 조합원 배정은 무조건 '희망(신청)' 우선. 내가 40평을 희망했으면 일단 40평 라인에 서게 되는 것입니다. • 어떤 조합원은 50평대 큰 주택을 소유했지만 부담금 때문에 24평을 희망했고, 어떤 조합원은 작은 평수 주택을 가졌지만 40평을 희망했을 때 결과는 작은 주택 소유자가 40평을 받고 큰 주택 소유자가 24평을 받게 됩니다. • 40평의 프리미엄(P)이 3억 원일 때 24평의 P는 1억 원밖에 붙지않아도 '희망이 우선이었으므로 어쩔 수 없다.'는 판례가 있습니다.
2단계	평형 경합 시 권리가액으로 가르기	• 대형 평형(예 40평)이 1채밖에 없는데 2명이 신청하여 '평형 경합'이 발생하면 이때는 권리가액이 높은 사람에게 우선권이 주어집니다. • 권리가액이 낮은 사람은 다른 평형으로 밀립니다.
3단계	동호수 추첨하기	• 같은 평형이 여러 채 있고 내가 그 평형을 배정받는 것이 확정되었다면 로열층을 누구에게 줄 것인지는 권리가액 순이 아니라 추첨으로 결정됩니다. • 권리가액 1위인 조합원과 꼴찌인 조합원이 같은 33평을 받았다면 로열층을 가르는 것은 결국 운명적인 추첨으로 결정됩니다.

재개발 로열층 배정은 재건축과 달리 권리가액과 상관없이 무조건 추첨으로 결정!

현금청산 물건 확인 지표 3가지 – 조합원 수, 공시가 순위, 커트라인

현장에 가서 빌라 등 물건을 살 때 이 물건이 몇 평을 받을지, 청산당할 위험은 없는지 미리 판단해야 합니다. 사업성이 공개되기 전에 투자자가 직접 확인해야 할 3가지 핵심 지표는 다음과 같습니다.

■ **현금청산되는 물건을 안 사려면? – 핵심 지표 3가지**

핵심 지표	내용
1. 조합원 수	• 조합원 수가 몇 명인지, 그리고 이들이 받을 수 있는 총 아파트 물량이 몇 채인지 비교해야 합니다.
2. 공시가 순위	• 초기 단계에서는 감정가를 아직 알 수 없으므로 현재 내 물건의 공시지가 순위가 전체 조합원 중 몇 등인지 확인해야 합니다.
3. 커트라인	• 전체 조합원이 21명인데, 40평 10개, 33평 10개만 지어진다면 33평 이상을 받을 수 있는 사람은 최대 20명입니다. 따라서 내 순위가 21등이라면 33평도 못 받고 현금청산될 위험이 큽니다. • 조합원이 15명인데, 40평 10개, 33평 10개만 지어진다면 내 물건이 아주 작고 권리가액이 낮아도(무허가 건축물로 인정되는 일명 '뚜껑') 조합원 모두 33평 이상을 받을 수 있는 안전한 현장입니다.

> 공시가 순위는 감정평가 순위와 거의 비슷하므로
> 초기 재개발 물건을 살 때 확인 필수!

　재개발 투자자는 복잡한 조례를 이해하고 내 물건의 등수를 파악한 후 전략적으로 평형을 신청해야 합니다. 따라서 매우 세밀하게 공부해서 현금청산을 피하고 로열층을 쟁취하는 현명한 투자자가 되기를 바랍니다.

재개발 및 재건축 '1+1 분양'은 뭐지?

'1+1 분양'이란 '도시 및 주거환경정비법(도시정비법, 도정법)'에 따라 정비사업의 조합원이 기존에 소유했던 주택이나 토지의 가치(종전 자산평가액)가 크거나 면적이 넓은 경우 원칙적인 1주택 공급 대신 2채의 주택을 분양받을 수 있도록 허용하는 제도입니다.

이 제도는 종전에 자산 가치가 높은 조합원의 형평성을 보완하고 원활하게 사업 추진 동의를 얻기 위해 도입했습니다. 현장 실무자 관점에서 본다면 대지가 커서 감정가가 높은 경우 아파트 1채에 만족하지 못해 동의하지 않는 경우가 많은데, '1+1'을 제시하면 동의율이 높아지는 경우가 많습니다.

1+1 분양의 기본 조건

조합원이 2주택을 공급받으려면 다음 2가지 조건 중 하나를 충족해야 합니다.

> **조건 1** | 종전 주택의 **주거 전용 면적 범위**에서 2주택을 공급받을 것
>
> **조건 2** | 종전 **자산평가액 범위**에서 2주택을 공급받을 것(종전 자산의 가격이 2채의 분양가격을 합친 금액과 비슷하거나 클 때)

필수 제한 조건(의무 사항)

2주택을 공급받아도 그중 1주택은 반드시 소형 주택을 받아야 합니다.

> 1+1 중에서 플러스 주택은 주거 전용 면적 60m² 이하여야 한다
> (소형 주택 의무).

1+1은 함부로 못 판다?

'1+1 분양'으로 취득한 2주택 중 소형 주택(60m² 이하)에는 강력한 전매제한 규정이 적용됩니다. 원칙적으로 3년의 전매제한 기간 동안에는 소형 주택과 대형 주택을 분리하여 매매하거나 증여할 수 없습니다. 즉 큰 주택만 먼저 팔 수는 있지만, 작은 주택은 3년 동안 팔 수 없으므로 실질적으로 2개의 주택을 모두 보유해야 합니다. 이것은 1+1 분양제도가 투기 수단으로 활용되는 것을 방지하고 실수요자 중심으로 운영하기 위해서입니다.

소형 주택 vs. 대형 주택의 전매제한 기간 및 처분 조건

구분	전매제한 기간	주요 내용
소형 주택 (60m² 이하)	이전 고시일 다음 날부터 3년간	소유권 이전 등기 후에도 3년 동안은 매매나 증여 등으로 처분할 수 없습니다.
나머지 1주택 (대형 주택)	제한 없음 (일반 조합원과 동일)	해당 기간 동안 양도할 수 있습니다.

기타 이슈 – 추가 과세와 추가 부담금

1+1 분양으로 2주택을 취득하게 되면 2주택자로 간주되어 종합부동산세와 양도소득세 중과세 대상이 될 수 있습니다. (다만 비과세 특례 등의 세법상 예외 규정은 별도로 확인해야 합니다.)

1주택을 공급받는 것보다 2주택을 공급받는 경우 **추가 부담금이 발생**하고 2주택에 대한 **취득세가 부과**됩니다. 재개발 및 재건축 1+1 분양 규정은 종전 자산평가액, 주거 전용 면적, 법령 개정 등에 따라 적용 여부 및 세금 이슈가 복잡하게 얽힐 수 있으므로 신청하기 전에 반드시 전문가와 충분히 상담하는 것이 좋습니다.

07 청파동3가 '역세권 소규모 재개발' 5년 후 입주 일정표

구역 지정 없이 조합설립부터 시작! 2030년 입주 목표!

이 사업은 '역세권 소규모 재개발'이므로 일반 재개발 절차 중 '정비계획 수립'과 '추진위원회 구성' 단계가 생략되고 구역 지정 없이 곧바로 조합설립부터 시작됩니다.

청파동3가는 현재 용산구청에서 조합설립인가 동의가 승인된 상태입니다. 이 경우 2025년 조합설립 전에 업무를 마무리하고 2026년 기준으로 4년 후인 2030년 입주 목표가 현실적으로 가능합니다. 자, 그러면 입주까지 세부 일정을 다음 표에서 살펴보겠습니다.

■ 청파동3가 '역세권 재개발' 사업 진행 상황

시기	사업 진행 상황
2025년	추진준비위원회 구성 마무리 및 동의서 징구 계속 진행
2026년	조합설립, 시공사 선정, 통합심의, 감정평가
2027년	사업시행계획인가, 이주/철거/착공, 일반분양 신청
2028년	서울시 아파트 입주 물량이 부족한 시기. 일반분양을 진행하면 분양가가 올라가고 이것은 곧 조합원 개개인에게 돌아가는 사업성 증대로 이어질 것으로 예상
2029년	2029년 건축 진행
2030년	2030년 입주 목표. 충분히 가능한 일정

(2026년 기준) 4년 후 입주!
'역세권 소규모 재개발'이기에 실현할 수 있는 목표입니다.

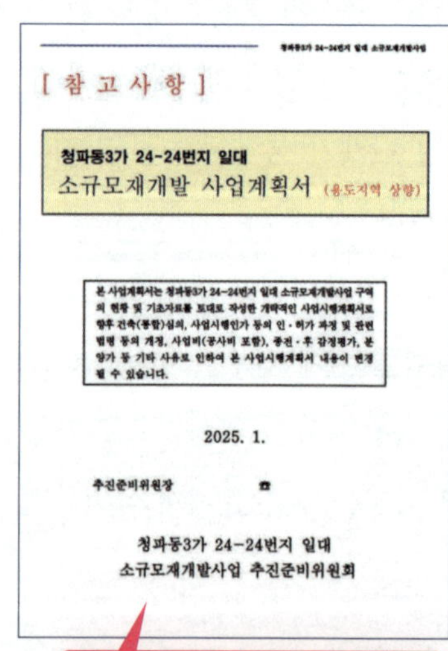

[참 고 사 항]

청파동3가 24-24번지 일대
소규모재개발 사업계획서 (용도지역 상향)

본 사업계획서는 청파동3가 24-24번지 일대 소규모재개발사업 구역의 현황 및 기초자료를 토대로 작성한 개략적인 사업시행계획서로 향후 건축(통합)심의, 사업시행인가 등의 인·허가 과정 및 관련 법령 등의 개정, 사업비(공사비 포함), 공전·후 감정평가, 분양가 등 기타 사유로 인하여 본 사업시행계획서 내용이 변경 될 수 있습니다.

2025. 1.

추진준비위원장   ☎

청파동3가 24-24번지 일대
소규모재개발사업 추진준비위원회

3. 일반현황

◆ 용도지역

구 분	면적 (㎡)	비율 (%)
합 계	4,897.4	100.0
제3종일반주거지역	3,330.9	68.0
제2종일반주거지역	1,566.5	32.0

◆ 경과연수(건축물 준공연도)

구 분	호수 (개)	비율 (%)
평 균	47년 (31호)	100.0
30년 미만	4	12.9
30년 ~ 40년	9	29.0
40년 이상	18	58.1

◆ 건축물 용도 (동수)

구 분	호수 (개)	비율 (%)
합 계	31	100.0
단독,다가구	11	35.5
공동주택	1	3.2
근린생활시설	19	61.3

◆ 건축물 구조

구 분	호수 (개)	비율 (%)
합 계	31	100.0
연와조(벽돌)	7	22.6
목조	12	38.7
철근콘크리트,블록	12	38.7

4. 항공사진

청파동3가 소규모 재개발 사업과 관련된 구청 제출 자료

'역세권 소규모 재개발'은 조합원이 주인!

해당 구역에서 잦은 임대 공실 문제로 애를 먹던 한 조합원이 있었습니다. 이분의 경우 재개발이 안 될 줄 알았는데, 필자가 속한 정비업체(PM)가 협력하여 사업이 진행되는 것을 보고 '산타 클로스'가 왔다고 해 주서서 무척 뿌듯했습니다. 조합원이 사업 동력의 밑바탕이 되고 여기에 전문적으로 추진하는 힘이 더해진다면 재개발은 한 발 더 빨리 나아갈 수 있게 됩니다.

결국 '역세권 소규모 재개발' 사업은 조합 방식이므로 조합이 주인입니다. 모든 중요한 결정(**평형 구성, 상가 배치 등**)은 조합원들이 결정합니다. 하지만 조합원 중에서 새 아파트를 받는 것보다 당장의 현금청산을 원한다면 이것도 역시 가능합니다. 현금청산을 원하는 분들은 시공사가 선정되고 은행이 정해지는 시점(**주변 조합원 이주비 대출 시점**)에 감정가를 받고 나갈 수 있습니다. 또한 이주 기간 동안 주거이전비 등도 지원받을 수 있습니다. 간혹 반대하는 경우가 있지만, 세입자에 대한 보상도 충분히 법의 테두리 안에서 제공됩니다. 그러므로 독자 여러분도 5년 후 이렇게 될 현장을 많이 발굴하기를 바랍니다. 여러분과 함께 재개발 사업을 성공시키는 것이 필자의 꿈이기도 합니다.

재개발 시장의 현재 이슈와 법적 동향

재개발 투자 법규는 계속 바뀐다!

재개발 투자는 고정된 법규가 아니라 끊임없이 변하는 행정 계획과 법령에 민감하게 반응해야 합니다. 서울시 기본 계획은 보통 10년마다 수립되고 중간에 5년마다 한 번씩 재정비되는데, 이러한 전반적인 개편은 재개발 시장의 판도에 큰 영향을 미칩니다. 이 책이 출간되어 서점에서 판매되고 있는 동안에 개편안이 발표될 가능성이 높습니다.

- **도시정비 기본 계획을 변경할 시기의 도래**: 서울시가 도시정비 기본 계획을 곧 다시 수립하거나 정비할 시기가 도래했습니다.

- **'소규모 정비사업' 동의율 완화 움직임**: 절차가 복잡한 '도시 및 주거환경정비법(도정법)'에 따른 재개발과 달리 절차가 빠르고 간소한 '빈집 및 소규모 정비사업법 특례법'은 본래 주민 80%의 동의율이 필요했습니다. 하지만 현재 이 동의율을 일반 재개발과 비슷한 수준인 75%로 낮추는 법안이 통과되어 2026년 2월 말에 시행합니다. 심지어 소규모 재건축은 동의율이 70%로 낮아집니다. 조합설립인가 조건이 동의율 70% 또는 75%로 완화될 경우 '소규모 정비사업'을 더욱 빠르게 추진할 수 있는 중요한 법적 변화로 작용할 수 있습니다. 그리고 소규모 정비사업을 모은 모아타운도 속도가 붙을 가능성이 높습니다.

필자가 실제로 동의서 징구 등의 작업을 통해 추진 중인 청파동 소규모 재개발 현장은 현재 징구율이 바뀐 동의율에 도달한 상태입니다. 만약 법령이 개정되어 동의율 기준이 더 낮아진다면 해당 현장은 곧바로 조합설립인가를 받을 수 있을 것으로 예상됩니다. 이와 같이 현장사업을 추진할 때 법적 동향은 현장에 매우 직접적인 영향을 준다는 것을 알 수 있습니다.

서울특별시 소규모재개발사업 업무처리기준

제정 2021.12.02.
1차 개정 2023.01.13.
2차 개정 2023.05.19.
3차 개정 2023.06.23.

제1장 총 칙

제1절. 목적

1-1-1. 이 기준은 「빈집 및 소규모주택 정비에 관한 특례법」(이하 "소규모주택정비법"
이라 함)에 따라 서울특별시(이하 "서울시"라고 함)에서 추진되는 소규모재
개발사업에 필요한 사항을 규정함을 목적으로 한다.

1-1-2. 이 기준은 소규모재개발사업의 관련 규정과 정합성을 유지함을 원칙으로
하고, 사업의 신속한 추진 및 활성화를 목표로 한다.

제2절. 적용범위 및 원칙

1-2-1. 「소규모주택정비법」에 따른 소규모재개발사업의 시행과 관련하여 사업계획을
수립하는 사업시행자와 관련 협의 및 심의, 사업시행계획을 인가하는 행정
기관의 장은 이 기준을 따라야 한다.

1-2-2. 「국토의 계획 및 이용에 관한 법률」(이하 "국토계획법"이라 함), 「도시 및
주거환경정비법」(이하 "도시정비법"이라 함), 「소규모주택정비법」, 「서
울특별시 도시계획 조례」(이하 "도시계획조례"라 함), 「서울특별시 빈집
및 소규모주택정비에 관한 조례」(이하 "소규모주택정비조례"라 함),
「서울특별시 도시 및 주거환경정비 조례」(이하 "도시정비 조례"라 함) 등
관련 규정에서 정하지 아니한 사항에 대하여는 본 업무처리기준을 따른다.

1-2-3. 1-2-2의 관련 규정이 개정된 경우는 개정된 규정을 따른다.

- 1 -

---

　　3) 「건축법」에 따른 건축심의 대상 중 '서울시 건축위원회' 심의사항

　　⑤ 그 밖에 시장이 필요하다고 인정하여 통합심의에 부치는 사항

나. 자치구 통합심의 대상은 다음과 같다.

　　① 「소규모주택정비법」 제27조에 의한 통합심의 대상 중 가목 이외의 사항

　　② 그 밖에 구청장이 필요하다고 인정하여 통합심의에 부치는 사항

다. 「소규모주택정비조례」 제3조 제6항에 따라 각 승강장 경계 및 출입구로부터
350미터 이내의 토지를 사업대상지로 지정하는 경우, 원활한 사업 추진 지원을
위해 자치구청장은 조합설립인가 전 토지등소유자의 40% 이상 동의 확보 후
서울시 전문가 사전자문을 통해 사업 대상지 범위 적정성 여부를 판단한다.

3-4-2. 「소규모주택정비법」 제27조에 따른 서울시 통합심의는 "서울시 소규모주택
정비 통합심의위원회"를 말하며, 주요절차는 다음과 같다.

가. 서울시 통합심의 절차

통합심의 신청 (관련서류 제출)	→	통합심의 (소규모주택정비 통합심의위원회)	→	심의결과 통보
(조합등 → 자치구 → 서울시)		(전략주택공급과)		(서울시 → 자치구)

※ 역세권 350m 사업 시, 조합설립인가 전 서울시 전문가 사전자문 이행 (3-4-1.다.)

나. 자치구에서 통합심의를 운영하는 경우 자치구청장은 「소규모주택정비법」
제27조에 따른 공동위원회를 구성하여야 한다.

3-4-3. 지구단위계획구역 지정 및 계획 결정에 관한 사항에 대해서는 「서울시 지구
단위계획 수립기준」 4-3-4. 의제처리형 기준에 따른다.

넷째 마당

서울시 역세권 재개발 최강투자

'도심복합사업' 실전 투자 사례

(ft. 효창공원역 (공공)도심복합사업)

01 '도심복합사업'은
누가 주도하느냐의 차이!
(ft. 공공 vs. 민간)

땅을 내줄 주민들이 있을까?

이번에는 도심복합사업에 대하여 살펴보겠습니다. 이 사업은 크게 '(공공)도심복합사업'과 '(민간)도심복합사업', 이렇게 2가지로 나뉩니다. 도시복합사업은 공공에서 먼저 바람이 불기 시작했습니다. (공공)도심복합사업이 처음 나왔을 때 필자는 크게 놀라기도 하고 의아해하기도 했습니다. 왜냐하면 다음 2가지 이유 때문이었어요.

- 상상을 초월하는 용적률 상향
- 공공의 힘이 너무 강해 '과연 재개발 지역의 주민들이 그걸 받아들일 수 있을까?' 하는 의문

이러한 이유 모두 너무나도 '공공적 발상'이라는 생각이 들었습니다. 이후 필자의 의문점을 확인이라도 시켜주듯 지금 대부분의 **(공공)**도심복합사업은 멈춘 것처럼 보입니다. 강력한 토지수용을 받아들일 재개발 주민들이 그다지 많지 않기 때문입니다. 용적률을 획기적으로 높여주어도 주민들의 것이 되지 않기에 주민들은 좋아할 리가 없습니다.

도심 속 낡은 동네를 멋진 아파트와 건물로 바꾸는 '도심복합사업'! 이 사업은 누가 이끌어가느냐에 따라 성격이 확 달라집니다. 하지만 현 정부와 서울시가 대립각을 세우면서 사업 방식이 크게 다르므로 앞으로 그 추세를 지켜보며 사업 방향에 따라 예의주시해야 합니다. 민간 주도로 갈 것이냐, 공공 주도로 갈 것이냐에 따라 사업 속도와 사업성, 그리고 거래 가능 여부 등이 결정될 가능성이 높기 때문입니다.

(공공)도심복합사업 – 국토부 리더십(공무원 팀장님 스타일)

(공공)도심복합사업은 마치 국가대표 개발팀이 나서는 깃과 같습니다. 주도 세력은 LH, SH 같은 공공기관이고 공익성을 최우선으로 내세웁니다. 공무원 팀장님 주도로 진행하기에 법이 허락하는 한 가장 빠르게 주택을 공급하는 것이 목표입니다. 하지만 현실은 주민들의 협조가 필요하므로 생각보다 느리게 흘러가는 추세입니다.

이 사업의 핵심은 아무래도 토지 확보 방식입니다. '나라를 위해 필요합니다!'라며 '토지 수용권'이라는 강력한 무기를 써서 땅을 빠르게 모으는 것이 목표입니다. 물론 기존 소유자에게는 아파트로 보상해 주고 아파트 배정이 안 되는 소유자에게는 그에 맞는 보상은 해 줍니다.

(공공)도심복합사업은 낙후된 도심을 대규모로 확 바꾸고 서민들을 위한 양질의 주택을 빠르게 대량 공급하는 것이 최우선 목표입니다. '공공주택특별법'을 기반으로 적용하는데, 이것은 나라가 정한 특급개발허가증인 셈입니다.

(민간)도심복합사업 – 창의적인 전문가(프로젝트 매니저 스타일)

(민간)도심복합사업의 주도 세력은 신탁사나 (위탁) 리츠 같은 돈 많고 똑똑한 민간 전문가들입니다. 아이디어와 자본력으로 무장한 프로젝트 매니저라고 할 수 있죠. (민간)도심복합사업은 기존 재개발처럼 소유자 중에서 조합장을 뽑아 조합을 만드는 방식으로 진행하면 전문성이 부족해서 문제점 등이 생기는데, 이것을 보완하기 위해 좀 더 전문적인 조직에게 운영을 맡긴 형태로 진행됩니다.

(민간)도심복합사업의 특기는 '수익성'과 '창의성'입니다. 이 사업은 아무래도 '주민 동의가 최우선!'이어서 공공처럼 수용권을 쓸 수 없습니다. 대신 땅 주인들의 동의(3분의 2 이상)를 먼저 받아야

만 사업을 시작할 수 있어요. 예비인가는 전체 주민의 3분의 1이 동의하면 가능합니다.

토지 확보 방식은 동의하지 않는 땅 주인에게는 매도청구권을 써서 합리적인 가격에 땅을 사오는 방식으로 마무리합니다. 따라서 강제 수용은 없다고 보면 됩니다.

(민간)도심복합사업의 목표는 민간의 자본력과 창의적인 아이디어를 넣어 도시 경쟁력을 높이고 주민들에게는 더 높은 가치**(수익)**를 되돌려주는 것으로, 수익성과 효율성이 최우선입니다. 이 사업에는 '도심복합개발 지원에 관한 법률'을 적용하는데, 전문가를 위한 새로운 게임 규칙으로 보면 됩니다.

기대와 우려 속 용산 효창공원역 현장 사례

공공복합과 관련하여 가장 예민한 현장은 바로 용산 효창공원역 역세권의 공공도심복합사업지입니다. 이곳은 지금 권리산정 기준일이 발표되었기에 거래하는 순간 물딱지가 되는 곳입니다**(예외적으로 거래를 인정하는 경우에 한해 거래 가능** ●**)**.

현재 효창공원역 역세권은 최소 2파전, 어쩌면 3파전이 진행 중인 듯합니다. 공공의 힘을 빌려 빠르게 가자는 공공파!, 우리 재산은 우리가 직접 추진하자는 민간파**((공공)도심복합사업 해제)**, 그리

● 왜냐하면 다음 단락에서 설명할 재개발과는 다른 권리산정 기준일의 개념 때문입니다. 하지만 여전히 꾸준하게 거래되고 있는 현장인데, 기준일에 대해서는 '부록. '일반 재개발' vs. '역세권 재개발' 비교하기'의 269쪽을 참고하세요.

고 서울시가 적극 밀어주는 신속통합기획(신통) 재개발로 가자는 신통파!, 지금 효창공원역 인근 재개발 예정지는 이렇게 대략 3개의 주장으로 진행되고 있는 듯합니다.

만약 신통이나 (민간)도심복합사업으로 간다면 이전에 발표된 권리산정 기준일은 의미가 없어지고 새롭게 날짜가 지정되어 가격이 급등할 가능성이 높습니다. 심지어는 2배 이상 급등할 수도 있어요. 하지만 기존의 (공공)도심복합사업으로 간다면 그 기대는 물 건너갑니다. 그래서 효창공원역 역세권은 과연 앞으로 어떻게 진행될지 궁금해지는 현장이기도 하죠.

02   '(민간)도심복합사업' 대상지 선정은 논의 중!

조례 제정이 진행 중인 대상지 선정 기준

그렇다면 (공공)도심복합사업이 아닌 (민간)도심복합사업은 어떻게 지정될까요? 이 책을 집필하고 있는 2025년 11월 기준으로 아직 서울시만 정확힌 가이드라인(조례 및 운영 기준)을 만들지 않고 있습니다. 하지만 이 책이 출간되어 서점에 배포된 시점에서는 관련된 가이드라인이 잡힐 가능성이 높습니다. 따라서 사업이 아직 초기 단계라는

의미인데, 우선 상위법에 정의된 내용만 살펴보겠습니다.

1 | 성장 거점형 대상지 후보 – 조건에 적합한 곳 희소

이 유형은 주택 공급보다는 지역 경쟁력 강화가 주요 목표여서 도시의 가장 중요한 심장부를 최첨단 미래 도시로 만드는 데 집중합니다. 아마도 대상지 선정이 쉽지 않고 희소해서 우리가 투자하려고 검토하기에는 좀 드문 현장이 될 것으로 보입니다.

■ 성장 거점형 대상지의 특징 및 선정 기준

	특징 및 선정 기준
목표	첨단산업, 업무, 상업 기능이 결합된 도시의 랜드마크 조성
주요 대상지	도시의 심장부나 교통 허브
선정 조건 (모두 충족!)	• 입지: 도시계획상 도심 및 부도심이거나, 노선이 2개 이상 교차하는 교통 결절지에서 500m 이내 지역일 것 • 면적: 5,000m^2 이상일 것 • 노후도: 노후 건축물 비율(40% 이상)과 같은 노후도 기준은 적용되지 않음! (새로운 거점을 만드는 것이 중요하기 때문)

2 | 주거 중심형 대상지 후보 – 투자자 관심 집중

이 유형은 노후되고 낙후된 지역에 튼튼하고 살기 좋은 주거지를 대량으로 공급하여 도심 주택 문제를 해결하는 데 집중합니다. 우리가 투자하기 좋은 현장으로, 노후도가 핵심 기준이 됩니다. 하지만 서울시가 세부적으로 만들려는 대상지 선정 기준이 좀 까다로울 수도 있다는 것이 문제라고 추측됩니다.

■ 주거 중심형 대상지의 특징 및 선정 기준

	특징 및 선정 기준
목표	주거시설 및 상업시설, 업무시설이 융합된 고품질 주거환경을 신속하게 조성
주요 대상지	낡고 방치된 역세권, 저층 주거지, 준공업지역
선정 조건 (모두 충족!)	• **입지**: 지역 면적의 과반이 역 승강장 경계로부터 500m 이내이거나 준공업지역으로서 정비가 필요한 지역일 것 • **면적**: 5,000m^2 이상일 것 • **노후도**: 전체 건축물 중 준공 20년 이상 노후 건축물이 시·도 조례로 정한 비율(40% 이상)일 것 • **주택 의무**: 전체 연면적의 50% 이상을 주택으로 건설해야 할 것(주거 중심이니까!) → 서울시 세부 지침을 좀 더 살펴보아야 합니다!!!

일반 투자자들이 좋아할 만한 '(민간)도심복합사업' 대상지입니다.

03 '(공공)도심복합사업'으로 아파트를 받으려면?

조건에 따라 확확 달라지는 권리산정 기준일

재개발 사업에서 아파트를 분양받을 권리(**'사과'로 비유 계속**)를 언제, 누구에게 줄지 정하는 것이 바로 권리산정 기준일입니다. 그런데 황금사과(**분양권**)를 나누는 규칙이 사업의 시행 주체와 관련법의 차이에 따라 완전히 달라지므로 주의해야 합니다.

누가 주도권을 가지고 있느냐에 따라 매매할 때 엄청난 차이가 발생할 것으로 보입니다. 우리가 흔히 접하는 일반 재개발과 (**공공**)도심복합사업은 태생적으로 전혀 다른 구조이므로 주의해야 합니다. '역세권 활성화', '역세권 장기전세'는 일반 재개발의 범주이고 '(**공공**)도심복합사업'은 통상적으로 부르는 '권리산정 기준일'에 대한 개념 자체가 완전히 달라서 주의해야 합니다. 그렇다면 쉽게 이해하기 위해 '일반 재개발'과 '(공공)도심복합사업'의 시행 주체를 비교해 볼까요?

아파트를 주는 기준 ❶ 일반 재개발(도정법) 및 소규모 재개발

일반 재개발을 비롯하여 재건축이나 소규모 재개발은 **도시정비법(도정법)**에 근거합니다. 그리고 시행 주체가 토지 등 소유자(**조합**)에게 있거나 공공이 공동으로 시행해도 결과적으로 소유자가 주도권을 가집니다. 이들 사업의 공통점은 기준일 이후에 쪼개기를 하면 무조건 분양권을 안 준다는 것입니다. 대신 기준일 이전에 만들어진 물건은 기준일 이후 프리미엄을 얹어서 매매할 수도 있고 매수자에게 분양권도 줍니다. •

■ **기준일별로 분양권을 받는 규칙**

	상황	사과(분양권)를 받는 규칙
기준일 이전의 쪼개기	한 필지 토지 분할, 집합 건물 전환, 토지/건물 분리 취득, 다세대 신축 등을 기준일 이전에 쪼개기 행위를 한 경우	황금사과로 바꿔줍니다! (분양권 제공)
기준일 이후의 쪼개기	기준일 이후에 위와 같은 쪼개기 행위를 한 경우	황금사과로 안 바꿔줍니다. (분양권 제공 불가)
기준일 이후 매매	기준일 이전에 만들어진(쪼개지지 않은) 물건을 기준일 이후에 매매로 취득한 경우	황금사과로 바꿔줍니다! (분양권 제공)

• 도시정비법(도정법)에 의거한 재개발일 때 아파트 배정의 큰 틀은 다음 3가지 조건(OR 규정)에만 해당되면 아파트를 배정받을 수 있습니다.

① 주택이어야 할 것(0평이어도 상관 없음) ② 최소 분할 면적은 현재 기준으로 90㎡를 넘어야 할 것 ③ 지어질 아파트 중에서 임대아파트를 제외한 제일 작은 아파트보다 내 권리가액이 커야 할 것

아파트를 주는 기준 ❷ (공공)도심복합사업

(공공)도심복합사업은 '공공주택특별법'에 근거하고 주도권이 공공에 있는데, 사과를 주는 방식이 '보상 후 우선공급'이라는 완전히 다른 개념으로 진행됩니다. 이 사업도 소유자 주도 재개발처럼 기준일 이후에 쪼개기를 하면 분양권을 안 줍니다. 그리고 기준일 전에 쪼개진 물건을 사도 현금청산이 되기에 분양권을 받을 수 없습니다.

■ 기준일별로 우선공급을 받는 규칙

	상황	사과(우선공급)를 받는 규칙
기준일 이전의 쪼개기	기준일 이전에 쪼개진 물건	황금사과로 바꿔줍니다! (분양권 제공)
기준일 이후의 쪼개기	기준일 이후에 쪼개진 물건	황금사과로 안 바꿔줍니다. (분양권 제공 불가)
기준일 이후 매매	기준일 이전에 쪼개진 물건이라도 기준일 이후에 매매로 취득한 경우	현금청산(사과를 안 주고 현금보상) 대상이 됩니다.

'(공공)도심복합사업'은 '일반 재개발'과 달리 예외적 물건을 제외하고 대부분의 물건은 기준일 이후에 매매하면 현금청산이 됩니다.

주의! 공공 재개발은 기준일이 지난 물건을 사면 현금청산!

(공공)도심복합사업 물건을 진행할 때 주의할 점을 살펴보겠습

니다. 가장 위험한 함정은 매매 부분입니다. 도시정비법에서는 기준일 이후의 물건을 사는 것은 괜찮지만, 공공주도사업에서는 기준일(**특정 고시일**) 이후에 누군가에게 등기를 취득(**매매**)하면 그 물건이 기존 소유자일 때는 문제가 없던 물건이어도 아파트를 받을 권리를 잃게 됩니다.

공공주택특별법에는 '권리산정 기준일'이라는 단어가 없지만, 네이버 검색어에는 이 단어가 주로 검색되므로 전문가나 투자자들이 혼동하여 '기준일 이전에 지어졌으니 괜찮아!'라고 잘못 판단하고 매입하는 경우가 발생할 수 있습니다. 이 경우 나중에 현금청산(**현금 보상**)을 받게 되니 주의해야 합니다.

그래도 '꾼'들은 왜 이런 물건을 살까?

일반 재개발/재건축 지역, (**공공**)도심복합사업 지역에서 권리산정 기준일을 벗어나 기준일 이후에 지어진 빌라(**쪼개기 물건**)가 있다고 가정해 봅시다. 이 물건은 원칙적으로 아파트를 못 받습니다. 하지만 일반 빌라(**황금사과로 바꿔주는 빌라**)가 9억 5,000만 원에 거래될 때 이 물건이 5억 원에 매물로 나왔다고 가정해 봅시다.

선수들은 "아파트를 못 받더라도 나중에 진행되는 시점까지 가면 시세도 변하고, 공시가도 따라 올라가고, 그에 따라 평가금액이 7억 원 이상 나올 테니 원금이 보장될 뿐만 아니라 2억 원 이상 벌 수 있어! 게다가 만약 나중에 사업 방식이 바뀌거나 기준일이 바뀌어 아파트를 받게 되면 대박인 거지!!" 이렇게 계산하면서 이런 물건을 매매합니다. 즉 기준일 이후에 지어진 물건이라도 매매할 수 있어서 아파트를 받지 못하는 리스크를 안고 거래하는 것이죠. 아파트를 못 받아도 돈으로는 주니까요. 하지만 그 기대치가 얼마인지는 두고 볼 일이므로 일반 초보 투자자들은 신중하게 검토하고 결정해야 합니다.

■ 재개발 사업별 관련 법령 및 비교

	소규모 정비사업 (모아타운)	도시정비법 정비사업	공공 재개발	공공주도 재개발
관련 법령	빈집 및 소규모 주택정비에 관한 특례법	도시 및 주거환경정비법		공공주택특별법
(일반적인) 시행 주체	토지 등 소유자		LH, SH 또는 공동 시행	공공 시행
아파트 배정을 위한 사업 정산 방식	관리처분			현물 보상 후 우선공급 (환지와 비슷)
소유권 존속	토지 등 소유자			공공
권리산정 기준일	조합설립 인가일 관리지역 지정일(모아타운 지정일)	구역 지정일 (기본 계획 수립일－구역 지정일: 시·도지사)	• 1차 공모: 2020년 9월 21일 • 2차 공모: 2021년 12월 30일	• 1차 공모: 2021년 3월 31일 • 2차 공모: 2021년 4월 14일 • 3차 공모: 2021년 5월 12일 • 4차 공모: 2021년 5월 26일 • 5차 공모: 2021년 6월 23일 • 6차 공모: 2021년 8월 4일 • 7차 공모: 2021년 10월 26일 • 8차 공모: 2022년 1월 26일 • 9차 공모: 2022년 12월 23일
공공 동의율			단독 시행 주민 2/3 이상 동의 및 공동 시행 주민 1/2 이상 동의	후보지 신청: 10%
특이 사항			용적률 상향 등	
	착공	등기	등기	권리산정일과 무관하게 2021년 6월 30일 후 부동산을 매입한 경우 현금청산

04 좋은 지역, 좋은 물건을 찾고 상담도 잘하는 법

유튜브 속 전문가, 진짜 '의사'일까, '약장수'일까?

재개발 투자를 결심한 초보자들이 가장 먼저 하는 행동은 무엇일까요? 10명 중 아홉은 스마트폰을 켜고 유튜브를 검색할 것입니다. '재개발 추천', '소액 투자', '지금 사야 할 곳'. '용적률 1,000% 가능 지역' 등 섬네일도 정말 마음을 들뜨게 할 만큼 매력적이죠.

관심 있는 섬네일을 클릭해 보면 화면 속에는 말끔한 교회 오빠 같고, 왠지 노련한 전문가 같은 전문가가 나와서 서울시 자료를 들고 그것이 마치 정보인 것처럼 자세히 설명해 줍니다. 그리고 여기에 맞게 현란한 차트와 지도를 보여주면서 외칩니다. (사실 인터넷 어디에나 있는 자료인데 말이죠.)

"지금 여기가 기회입니다. 늦으면 후회합니다!"

그런데 인터넷에 널려있는 정보가 정보일까요? 이러한 정보
는 일반인들이 정보와 지식을 구분하지 못하는 시작점에서 출발
하여 몰려 다니기식 잘못된 투자로 연결됩니다. 진짜 정보는 유
튜브에 잘 없습니다. 만약 진짜 정보가 있다면 그것은 철 지난
정보일 뿐입니다.

구독자 수는 거의 10만 명, 20만 명 수준이고 댓글에는 '덕분
에 좋은 정보 얻어갑니다!'라는 찬사가 가득합니다. 이것을 보고
초보 투자자는 생각합니다. '아, 이 사람은 믿을 수 있겠구나!' 그
리고 그가 추천하는 매물을 덜컥 계약하러 갑니다. 이것은 케이
블 경제방송에서도 비슷하게 일어나는 현상입니다. 필자가 앞에
서도 말했듯이 이런 현상을 '호구동향'이라고 부릅니다.

유튜브를 보고 상담하는 분들은 '의사'에게 진료를 받은 것이
아니라 '제약회사 영업사원'에게 약을 처방받았을 확률이 높을
것입니다. 그것도 아주 비싼 약을 말이죠. 다행히도 '인플레'라는
또 다른 경제 환경이 이 약의 효능이 높다고 믿게 만들기도 합니
다. 하지만 엄밀히 말해서 이것은 인플레에 얻어걸린 것일 뿐 정
밀한 상담을 통한 결과라고 볼 수는 없습니다.

상담일까, 세일즈일까? – 맛집 사장님 vs. 맛 칼럼니스트

재개발 상담 시장에는 구조적인 모순이 하나 있습니다. 대부분의 상담이 '무료'이거나 아주 저렴하다는 것이죠. 그리고 무료 세미나가 왜 이렇게 많을까요? 세상에 공짜 점심은 없는데 말이죠. 이것을 보고 돈을 아낀다고 생각하는 일반인들이 많은 것도 문제입니다. 여러분이 횟집에 가서 사장님께 이렇게 묻는다고 가정해 봅시다.

"사장님, 오늘 가장 신선하고 맛있는 생선이 뭐예요?"

양심적인 사장님도 있겠지만, 대부분은 '오늘 반드시 팔아치워야 하는, 재고가 많이 남은 생선'을 추천할 가능성이 높습니다. 사장님의 목적은 여러분의 미식 경험이 아니라 가게의 '매출과 재고 처리'이기 때문입니다.

유튜브에서 특정 구역의 매물을 찍어서 추천하는 전문가 중 상당수는 '컨설턴트'를 자처하지만, 실상은 그 구역에 물건을 확보해 둔 '판매자(seller)'인 경우가 많습니다. 그들에게 상담을 받는다는 것은 재고가 쌓인 횟집 주인에게 메뉴를 추천받는 것과 같습니다. 그들은 당신의 자산 상황, 투자 성향, 리스크 감내 능력을 깊이 고민하지 않습니다. 그들의 답은 이미 정해져 있습니다.

"자, 이 빌라를 사세요."

'물건'을 파는 사람에게 '미래'를 묻지 마라

판매자에게 상담을 받았을 때 발생하는 가장 치명적인 문제는 '객관성의 상실'입니다. 리스크는 숨기고 호재만 부풀립니다. "동의율이 50% 넘었어요!"라고 말하지만, 반대파가 50%라고는 이야기하지 않습니다. '여러 사례를 들어가며' 이 현장은 반드시 재개발 지역에 편입된다고 말하지만, 정작 구역에서 제척된 이유는 설명하지 않습니다. 또한 편입되었다가 제척된 사례도 보여주지 않습니다. 그들은 가격의 적정성을 논하지 않습니다. 주변 시세보다 비싸도 '미래 가치'라는 모호한 말로 포장합니다. 사실 이 부분은 그동안의 인플레 때문에 그들의 말이 맞는 것처럼 보였습니다.

결국 투자자는 3년, 5년 후 개발이 무산되거나 하염없이 지연될 때 팔지도 못하고 은행 이자만 내는 '비자발적 장기 투자자'가 되어버립니다. 상담해 준 그 유듀버는요? 이미 수수료를 챙겨 다른 구역을 홍보하러 떠난 지 오래입니다.

호랑이굴에 들어가도 정신만 바짝 차리면 된다!
기초 체력을 다지는 기본 지식 3가지

그렇다면 유튜브를 보지 말고 상담도 받지 말아야 할까요? 아닙니다! 다만 '호갱', '호구'가 되지 않을 정도의 기초 체력을 기르고 가면 됩니다. 딱 3가지만 기억하세요.

■ 호갱 되지 않는 기본 지식 3가지

❶ 노후도

"새 빌라가 많아서 깨끗하고 살기 좋네요."는 실거주자에게나 좋은 말입니다. 재개발은 헌 집을 부수고 새집을 짓는 사업입니다. 신축이 너무 많으면 재개발 요건 자체가 안 됩니다. 최소한 해당 구역의 노후도가 법적 기준을 충족하는지 따져보는 눈이 있어야 합니다. 이때 현재의 노후도가 아닌 변화될 노후도도 주목해야 합니다.

❷ 동의율의 진실

"추진위원회가 설립되었다."라는 말에 현혹되지 마세요. 실제 토지 등 소유자들이 얼마나 동의서를 냈는지 '진성 동의율'을 확인해야 합니다.

❸ 권리산정 기준일

내 돈을 주고 산 집인데, 나중에 아파트 입주권을 못 받고 현금청산을 당할 수도 있습니다. '물딱지'를 피하기 위한 기준일 개념은 반드시 공부하고 가야 합니다.

사실 이 내용은 이 책에서 수없이 여러 번 반복해서 강조하고 있는 주의 사항입니다.

진짜 고수를 찾아 제대로 질문하는 방법

진짜 전문가는 특정 물건을 팔아 수수료를 챙기는 사람이 아니라 당신의 시간을 아껴주고 리스크를 줄여주는 대가로 정당하게 '자문료'를 받는 사람입니다. 맛집 사장님이 아니라 냉철한 '맛 칼럼니스트'를 찾아야 합니다. 그들을 만났을 때 초보티를 벗고 핵심을 찌르는 질문을 하는 방법을 알려주겠습니다.

그리고 만약 특정 물건을 강하게 권유받는다면 웃으면서 이렇게 되물으세요.

"말씀하신 대로 그렇게 확실하고 좋은 물건이라면 전문가님은 왜 안 사시고 저한테 파시는 건가요?"

이렇게 질문하면 진짜 전문가는 이 질문에 대해 객관적인 데이터와 시장 논리로 대답할 것이고 사기꾼은 당황하거나 화를 낼 것입니다.

투자는 물건을 쇼핑하는 것이 아닙니다. 복권을 사듯 요행을 바라는 것은 더더군다나 안 됩니다. 나의 소중한 자산을 지키고 불리기 위한 냉철한 의사 결정 과정입니다. 그리고 그 결정과 결과물도 본인이 책임져야 할 몫입니다. 유튜브 알고리즘이 떠먹여주는 정보에 안주하지 마세요. 판매자가 아니라 조언자를 곁에 두세요. 이것이 바로 성공적인 재개발 투자의 첫걸음입니다.

부록

서울시 역세권 재개발 최강투자

‘일반 재개발’ vs. ‘역세권 재개발’ 비교하기

01   '일반 재개발' 정비사업 5단계 살펴보기 (ft. 전국구 적용)

'일반 재개발' 정비사업의 주요 절차는 다음과 같습니다. 이 과정은 '도시 및 주거환경정비법(도시정비법, 도정법)'에 근거하고 다음 내용보다는 좀 더 복잡하고 세밀하지만, 이 책에서는 큰 틀의 절차를 아는 차원에서 가급적 쉽게 설명하겠습니다. 참고로 지자체별로 세부적인 내용은 다를 수 있습니다.

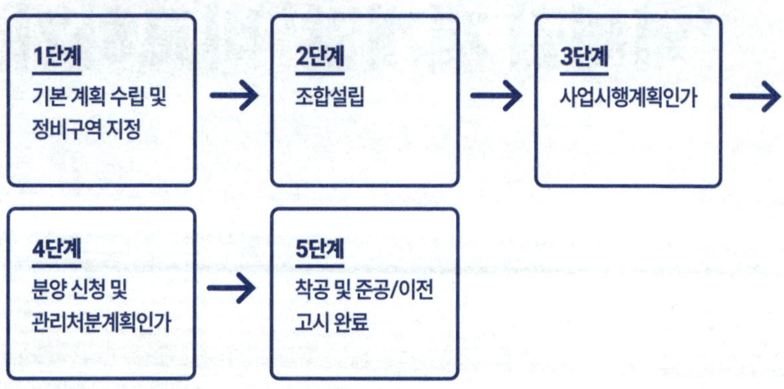

1단계 | 기본 계획 수립 및 정비구역 지정

기본 정비계획은 특별시장 및 광역시장 등이 10년 단위로 수립합니다(5년마다 재정비). 정비계획 입안 및 정비구역 지정은 주민 제안 또는 지자체의 계획 수립 후 주민 공람, 지방의회 의견 청취 등을 거쳐 정비구역을 지정 고시합니다(필요 시 추진위원회 구성).

2단계 | 조합설립

정비구역 지정 후 토지 등 소유자의 일정 동의를 얻어 조합설립추진위원회를 구성하고 승인이 나면 추진위원회가 정관을 작성한 후 토지 등 소유자의 동의(재개발의 경우 토지 등 소유자 4분의 3 이상 및 토지 면적 2분의 1 이상)를 얻어 시장 및 군수 등을 통해 인가를 받습니다.

3단계 | 사업시행계획인가

조합이 사업시행계획서를 작성하여 공람 및 총회 의결 후 시장 및 군수 등에게 사업시행인가를 받습니다.

4단계 | 분양 신청 및 관리처분계획인가

사업시행계획인가 고시 후 분양 공고 및 조합원의 분양 신청을 받습니다. 분양 신청 결과를 바탕으로 관리처분계획(분양계획, 종전·종후 자산평가, 부담금 산정 등)을 수립하여 관리처분계획인가를 받습니다.

5단계 | 착공 및 준공/이전 고시 완료

관리처분계획인가 후 기존 건축물 이주 및 철거를 진행합니다. 이후 신축 공사를 착공하고 완료 후 준공인가 및 입주합니다. 소유권 이전 고시 후 조합 해산 및 청산 절차를 거칩니다.

이와 같은 5단계 과정은 오래된 건물을 허물고 최신식 아파트 단지를 건설하기 위해서 진행됩니다. 좀 더 자세한 내용은 다음 표를 참고하세요.

■ '일반 재개발' 주요 정비사업 5단계 총정리

단계	과정	프로젝트 내용	상세 설명
1단계	기본 계획 수립 및 정비구역 지정	마스터플랜 수립 및 프로젝트 구역 확정	• 특별시장 및 광역시장 등이 10년 단위로 정비 기본 계획을 수립하고 5년마다 재정비 • 주민 공람 및 의견 청취를 거쳐 정비구역을 지정 고시해서 사업 대상지 확정 • 필요 시 추진위원회를 구성하여 준비 작업 시작
2단계	조합설립	프로젝트 추진 주식회사 설립	• 정비구역 지정 후 주민들이 모여 조합설립추진위원회 승인을 받고 정관 작성 • 재개발의 경우 토지 등 소유자 4분의 3 이상 및 토지 면적 2분의 1 이상의 동의를 얻어 조합설립인가를 받아야 정식으로 사업을 이끌어갈 법적 주체(조합) 탄생
3단계	사업시행계획 인가	건설 및 운영 상세 설계도 승인	• 조합이 어떤 건물을 몇 동이나 지을지, 공사 기간은 얼마나 걸릴지 등을 담은 사업시행계획서를 작성하여 총회 의결 • 이후 시장 및 군수 등의 인가를 받으면 구체적인 설계 확정
4단계	분양 신청 및 관리처분계획 인가	새 아파트 배정 및 자산 정리	• 사업시행계획인가 후 조합원들의 분양 신청을 받고 이를 바탕으로 관리처분계획 수립 • '누가 새 아파트를 몇 평 받을지, 종전 자산은 얼마로 평가되었고 추가 부담금은 얼마인지' 등을 정하는 핵심 계획임 • 인가를 받아야 이후 과정 진행 가능
5단계	착공 및 준공/ 이전 고시 완료	건설 공사 및 입주	• 관리처분계획 인가 후 기존 건물 이주 및 철거 진행 • 신축 공사 진행, 준공인가 및 입주 진행 • 최종적으로 소유권 이전 고시를 하고 조합 해산 및 청산으로 프로젝트 마무리

실제로는 좀 더 복잡한 단계를 거치지만,
초보자라면 우선 이 정도만 알고 넘어가도 좋습니다.

02 추가 부담금이 결정되는 '관리처분인가' 주목하기
(ft. '일반 재개발' vs. '역세권 재개발' 공통)

미래 계획을 확정하는 '관리처분인가'

'일반 재개발' 정비사업 5단계 중에서 '4단계. 분양 신청 및 관리처분계획인가'에 대해 살펴보겠습니다. 재개발 사업은 낡은 동네를 완전히 새 아파트 단지로 바꾸는 일입니다. 이 큰 공사를 시작하기 전에 '나중에 아파트가 완성되면 이 헌집을 가진 사람에게 새 아파트 몇 평을 주고 돈은 얼마나 더 받거나 돌려줄지'를 우선 조합원끼리 계산을 맞춰본 후 법에서 정한 가이드를 잘 따랐는지를 검토하여 국가가 미리 약속하고 확정하는 단계가 바로 '관리처분'입니다.

속 내용을 살펴보면 '관리처분인가'는 예정, '이전 고시'는 확정

'관리처분'은 결혼식 피로연의 좌석표를 미리 확정 배정하는 것과 같습니다. 피로연장(새 아파트)을 완성하기 전에 하객(조합원)들이 어디에 앉을지(몇 평을 배정받을지) 미리 계획하는 것입니다. '관리처분인가'는 국가가 내주는 것이어서 확정적 효력을 갖지만, 아직 땅을 파지도 않고 이사도 안 나간 상태에서 계획을 세우는 것이므로 내용 자체는 예정적 성격일 수밖에 없습니다. 마치 시험 답안지를 내기 전에 미리 '가답안'을 제출하는 것과 같습니다.

'이전 고시'는 최종 확정 단계로서 모든 공사가 끝난 후에 이루어집니다. 이전에는 '분양 처분 고시'라고도 했는데, 보통 입주 후 1~2년 정도의 기간이 소요됩니다.

과정에서 할 일 ❶ 종전 자산평가(감정평가)

'관리처분인가' 단계에서는 새 아파트를 받기 위해서 내가 가진 헌집과 땅의 가치(자산)를 평가해야 하는데, 이것을 '종전 자산평가'라고 부릅니다.

평가 방식은 '재개발 전' 가격만 인정합니다. 재개발된다는 소문이 나서 집값이 올랐다고 해도 '종전 자산평가'에서는 재개발 기대치로 인한 상승분은 반영하지 않습니다. 대신 '시점 보정평가'를 거치는데, 이것은 '만약 재개발 소문이 전혀 없었다면 이 집이 얼마였을까?'라고 과거 시점으로 되돌아가서 평가하는 것입니다. 하지만 재개발 조합원으로 참여하지 않고 현금으로 보상받고 나가는 사람도 있을 것입니다. 이 사람들은 '현금청산자(미동의자)'라고 하는데, 이 경우에는 재개발 호재로 오른 시세가 일정 부분 반영됩니다.

'관리처분인가' 과정에서 할 일 ❷ 비례율 계산

비례율은 재개발 사업의 '장사 마진율'이라고 생각하면 쉽습니다. 이 사업이 얼마나 돈이 되는지, 즉 사업성을 알려주는 가장 중요한 숫자입니다. 비례율은 다음과 같은 공식으로 계산합니다.

$$\text{비례율 계산식} = \frac{❶ \text{총매출(새 아파트 분양 수익)} - ❷ \text{총비용(공사비 등)}}{❸ \text{총투자원금(조합원 종전 감정평가 총액)}}$$

❶ **총매출**: 총매출을 빵에 비유하자면 빵(새 아파트)을 팔아 벌어들인 총금액을 말합니다. 이때 빵집 주인이 먹은 것도 포함됩니다(조합원 분양분).

❷ **총비용**: 빵을 만드는 데 들어간 밀가루와 인건비 등 모든 지출을 말합니다.

❸ **총투자원금**: 빵집 주인이 투자한 초기 자본금(조합원 헌집의 총가치)을 말합니다. 비례율이 100%를 넘으면 사업성이 좋다는 뜻이고 100% 미만이면 예상보다 수익이 적다는 뜻입니다.

조합원 자산의 감정가에 비례율을 곱하면 분양 기준가액이 나옵니다. 결과적으로 비례율은 분양 기준가액을 결정하고 추가 부담금까지 좌우합니다. 재개발 사업성이 우수하면 비례율이 높아지고 자동으로 내 분양 기준가액이 커지므로 추가 부담금은 줄어들거나 돈을 돌려받을(환급금) 가능성이 높아집니다.

실제로 정비사업을 추진하면서 비례율을 계산해 보면 좀 더 복잡한 수식으로 조합원들의 권리가 분산 또는 집중되기도 합니다. 하지만 이 부분은 여기서 다루기에는 너무 복잡해서 생략하므로 궁금하다면 〈재개발연구회〉(www.gurupin.net) 수업을 참조하세요.

분양 기준가액 = 감정가 × 비례율

통상적으로 '권리가액'으로 표현하지만 '분양 기준가액'이 정확한 표현!

추가 부담금 = 배정받을 새 아파트 분양가 − 분양 기준가액

같은 사업구역 안에 있는 물건으로 비교할 것
추가 부담금이 적을수록 좋은 물건

재개발 물건은 같은 사업구역 안에 있는 물건끼리 비교해야 의미가 있습니다. 구역이 다르면 감정가, 용적률, 사업성이 모두 다르므로 좀 더 정밀하게 비교해야 하거나 어떤 경우는 의미 없는 상황도 있습니다. 가장 좋은 비교 방법은 전체 감정평가 총액 대비 내가 가진 물건의 감정평가 금액 비율을 구하고 그 비율을 근거로 내가 얼마에 사는지를 비교하는 것입니다.

■ 재개발 물건 비교 방법

잘못된 비교	올바른 비교
현재 이용 가치만 보고 비교 (대지 지분, 연식, 전용 면적 등)	**미래 권리 가치를** 보고 비교 (총 감정가 대비 내 지분 비율, 총 투자금액)

다음과 같이 재개발 투자 물건별로 총투자금액을 엑셀 표로 만들어 비교하면 편리합니다.

(단위: 만 원, m²)

항목	비교 평가해 보기		비 고
	ⓐ 물건	ⓑ 물건	
❶ 매입금액	43,000	48,000	
대지지분	12	12	m²
1m²당 가격	3,583	4,000	
전용 면적	10.0	10.0	
취.등록세	473	528	매매가의 1.1%로 계산
법무사 비용외 기타	100	100	대략
중개 수수료	215	240	매매가의 0.5%
총 매입금액	**43,788**	**48,868**	매입가+취등록세 등
공시가	20,000	19,000	주택가격공시 확인
❷ 감정평가금액(추정)	30,000	28,500	공시가×150%로 추정
비례율(추정)	100%	100%	추정
❸ 분양기준가액	30,000	28,500	감정평가액×비례율
조합원 분양가(추정)	100,000	100,000	84m² 기준
❹ 추가 부담금	70,000	71,500	조합원 분양가 - 분양 기준가액
❺ 총투자금액	**113,788**	**120,368**	총매입금액+추가 분담금

❶ **매입금액(초기 투자금액)**: 매매가에서 전세보증금 등을 제외한 실제 투자금

❷ **감정평가금액**: 관리처분 단계에서 공시가 등을 기준으로 예상하는 감정평가금액

❸ **분양 기준가액**: 감정평가금액 × 비례율

❹ **추가 부담금(청산금)** • : 조합원 분양가 − 분양 기준가액

❺ **총투자금액**: 매입금액 + 추가 부담금

● 추가 부담금이 없고 남는 금액이 있다면 환급금이 됩니다. 법적 용어로는 '추가 부담금', '환급금' 모두 '청산금'에 해당하고 이것은 아파트를 받는 대물청산을 전제로 부족분을 내거나 받는 것을 의미합니다.

03 | 알아두면 좋은 '권리가액'의 진실 (ft. '일반 재개발' vs. '역세권 재개발' 공통)

'권리가액＝감정가 × 비례율' 공식은 왜 틀렸을까?

재개발 투자가 어렵다고 느껴지게 만드는 몇 가지 단어가 있습니다. 그중 전문가도 헷갈리는 용어가 '권리가액'과 '분양 기준가액'입니다. 그리고 재개발 투자를 논할 때 가장 많이 언급되면서도 가장 오해를 사는 공식은 '권리가액＝감정가(＝감정평가금액) × 비례율'입니다. 이 공식은 국어적으로 표현할 때는 문제가 없지만, '도시 및 주거환경 정비법(도정법)'에서 규정한 법률적 정의는 아닙니다. 그렇다면 왜 법률 전문가들은 이 공식을 현장에 적용하는 데 큰 문제가 있다고 지적할까요?

권리가액의 법률적 정의는 권리 인정 총액을 의미합니다. 권리가액은 단순히 계산된 금액이 아니라 '권리 인정 범위를 확정시킨다는 표현'으로 이해해야 합니다. 그리고 각 시·도 조례에서는 이것을 '총액'이라고 정의하고 있습니다. 권리가액을 별도로 정의하는 핵심 목적은 크게 2가지입니다.

첫째, 재개발 조합이라는 공동사업에서 각 조합원의 '자본금'을 어디까지 인정해 줄 것인가를 확정하기 위해서입니다.

둘째, 해당 조합원에게 '아파트 분양 자격을 인정해 줄 것인가, 말 것인가'를 판단하기 위한 소유 면적 등을 확정하기 위해서입니다.

'권리가액'보다 '분양 기준가액'이 법률적으로 더 정확한 말

그렇다면 감정가에 비례율을 곱한 금액은 무엇으로 불러야 할까요? 이것은 '분양 기준가액'이라고 부르는 것이 논리에 정확하게 부합합니다. 이 금액은 조합원들이 최종적으로 아파트를 받은 후 납부해야 할 추가 부담금(청산금)을 산정하는 데 사용하는 실질 가치입니다.

법률적 정의가 중요한 이유 – 분양 자격 심사 때문!

권리가액은 '아파트 배정 자격'이라는 이분법적인 지위(Yes, No)를 결정하는 반면, 분양 기준가액은 최종적인 금전 정산에 필요한 비례적인 금액을 결정합니다. 이 2가지 가치는 법적 목적이 근본적으로 다릅니다.

대부분의 도시정비법 시·도 조례에는 분양 자격이 없는 물건이라고 해도 최소 분양 평형의 분양가보다 권리가액이 크면 아파트를 배정해 주라는 규정이 있습니다. 하지만 이 규정을 놓고 권리가액에 비례율을 곱하면 문제가 복잡해집니다.

만약 분양 자격을 결정하는 기준에 비례율을 곱한다면 어떤 문제가 발생할까요? 예를 들어 어떤 물건의 감정가가 5억 1,000만 원이고 최소 분양가가 5억 원이라면 원래 이 물건은 분양 자격이 있습니다. 하지만 사업성이 악화되어 비례율이 98%가 나오는 순간, 권리가액이 5억 원 미만으로 떨어져 갑자기 분양 대상에서 제외되는 일이 발생합니다.

반대로 감정가가 4억 원에 불과했던 물건이 비례율 130%를 만나 갑자기 분양 대상이 될 수도 있습니다. 이처럼 분양 자격이 비례율의 변동성(사업 성패)에 따라 시시각각 바뀐다면 사업의 근간이 흔들리고 매우 혼란스러워집니다. 따라서 법적 논리에서는 분양 자격 심사의 경우 비례율 변동성이 제거된 안정적인 '권리가액'을 기준으로 삼아야 한다고 판단하고 있습니다.

● 권리가액과 분양 기준가액의 법률적 정의 비교

	권리가액(권리 인정 총액)	분양 기준가액(실질 평가 가치)
법률적 정의	권리 인정 범위를 확정시킨 '총액' (도정법상 정의)	감정가 × 비례율 (통상적 정의)
주요 목적	분양 자격 판단의 핵심 기준 및 자본금 인정	추가 부담금/청산금 산정을 위한 금액 기준
변동성	권리 확정의 역할	사업 성패에 따라 변동

아파트를 분양받기 위한 황금 기준 3가지

재개발 사업에서 내가 가진 물건이 최종적으로 아파트를 받을 수 있는지 확인하는 기준은 다음 3가지 중 하나를 충족해야 합니다. 이것은 시·도 조례에 규정된 사항으로, 거의 대부분의 시·도에서 비슷하게 규정하고 있습니다.

[기준 1] 주택 보유

건물에 주택을 소유하고 있는 경우입니다. 현장에서는 흔히 '뚜껑'이라고도 부르는 무허가 주택인데, 토지는 없어도 주택이 있으면 분양 대상이 될 수 있습니다.

[기준 2] 최소 면적 충족

주택이 아닌 나대지나 토지만 소유하고 있으면 해당 지역에서 정한 분할 제한 최소 면적 이상이어야 합니다. 예를 들어 서울은 90m^2, 부산은 60m^2 이상을 기준으로 합니다.

[기준 3] 권리가액 충족

앞의 [기준 1]과 [기준 2]의 기준에 해당하지 않아도 내가 가진 물건의 권리가액이 해당 지역에서 공급되는 제일 작은 아파트의 최소 분양가 이상이라면 아파트를 받을 수 있습니다. 이 규정 덕분에 아파트 분양 자격이 없던 물건도 권리가액이 최소 분양가를 초과하면 분양권을 획득할 수 있는 길이 열립니다.

04

아파트를 받을 수 있는 무허가주택
(ft. '일반 재개발')

다음은 '일반 재개발'에서 아파트를 받을 수 있는 무허가 주택 및 근린생활시설(근생) 조건을 정리한 표입니다. 지분이 없는 무허가 주택이 아파트를 받으려면 건축법 제정 이전(1970~1980년대 초반 이전)에 지어진 건물에서 주거용으로 사용한 것을 증명해야 합니다. 근린생활시설을 주택으로 개조한 경우 한동안 예외적으로 인정을 받은 적이 있었지만, 현재는 인정되지 않습니다. 공공 재개발은 기준일 이후 매매하면 현금 청산되므로 주의하세요.

● **무허가 주택 및 근린생활시설(근생)의 기준**

	개념	분양 자격
기존 무허가	건축법 제정 이전(1970~1980년대 초반 이전)에 지어져 허가제도가 없던 건물. 항공사진(항측본) 등으로 존재가 증명된 경우만 인정합니다.	인정 다만 무허가 주택이고 사실상 주거용으로 쓰고 있었음을 증명해야 합니다.
신발생 무허가	건축 허가를 받은 후 사용 승인을 받지 못했거나(불법 건축물) 허가 없이 지어진 건물	인정 안 됨(원칙)
근린생활 시설 → 주택 개조	근생을 주거용으로 불법 개조한 경우	인정 안 됨(현재 기준) 과거 서울시의 잘못된 유권해석(실수)으로 인해 2008년 7월 30일 이전 주거용 사용을 증명(전입신고, 이행강제금 납부)하면 예외적으로 인정받은 사례가 있었습니다.

다가구/단독주택의 '쪼개기' 규제

아파트를 여러 채 받기 위해 다가구(단독)를 다세대로 쪼개려고 시도하는 행위(구분 다세대, 전환 다세대)를 막기 위해 기준 날짜가 적용됩니다. 간혹 구조례와 신조례가 충돌하여 무엇을 적용할지 애매한 현장이 많습니다. 구조례 적용 지역은 새 법과 구조례가 함께 적용될 수 있으니 특별히 더 주의해야 합니다.

'소규모 정비사업(모아타운)'의 경우 다가구 쪼개기 기준일은 조합설립인가일이 원칙입니다. 하지만 모아타운처럼 투기가 우려될 경우 시장/군수가 별도의 날짜를 지정하여 쪼개기를 금지할 수 있습니다.

● **재개발 진행 시 구조례와 신조례별 아파트 배정 적용 기준**

	구조례 적용(재개발)	신조례 적용(재개발)
기준일	2003년 12월 30일 이전 전환	권리산정 기준일 이전 전환
배정 기준	기준일 이전에 구분할 경우 원칙적으로 24평 배정(전용 면적 60m^{2}를 초과하면 33평 이상 배정 가능)	기준일 이후 구분할 경우 아파트 1채만 배정

05

알아두면 수억 원 아낀다!
프리미엄(P) 계산법
(ft. '일반 재개발' vs. '역세권 재개발' 공통)

프리미엄(P)은 웃돈! 거품인지 파악하려면?

부동산에서 재개발 물건을 보러 가면 프리미엄(P) 얼마가 붙었다고 합니다. 프리미엄(P)은 내가 매입한 물건의 가격과 실제 물건의 **값어치**(감정평가 예상금액) •의 차액입니다. 투자자라면 프리미엄(P)을 적게 주고 사는 게 유리합니다.

프리미엄의 경우 재개발 초기에는 비례율만큼 붙어 오르기 시작하여 개발 진도가 나갈수록 일반분양가까지 붙고 입지가 좋은 곳은 일반분양가에서 수억 원 이상 더 붙기도 합니다. 그렇다면 부동산 사장님이 말하는 프리미엄(P)은 과연 적정 가격일까요? 어떻게 하면 더 싸게 살 수 있을까요?

프리미엄(P)=매입금액-감정평가 예상 금액

정식 감정가는 사업시행인가 때나 나오고 비례율이나 프리미엄(P)도 이때 나옵니다. 하지만 그 이전에 비례율이나 프리미엄(P)을 스스로 계산할 줄 안다면 투자자로서 돈

• 감정평가 절차는 1. 감정평가 기준일 설정 → 2. 감정평가업자 선정 → 3. 현장 실사 및 자료 조사(기준일 이전의 거래 사례를 주로 활용) 단계로 진행됩니다.

이 될 물건을 싸게 살 수 있겠죠. 대략적으로 추정해 보면 다음과 같은 단계를 거쳐 비례율과 프리미엄(P)을 계산할 수 있습니다.

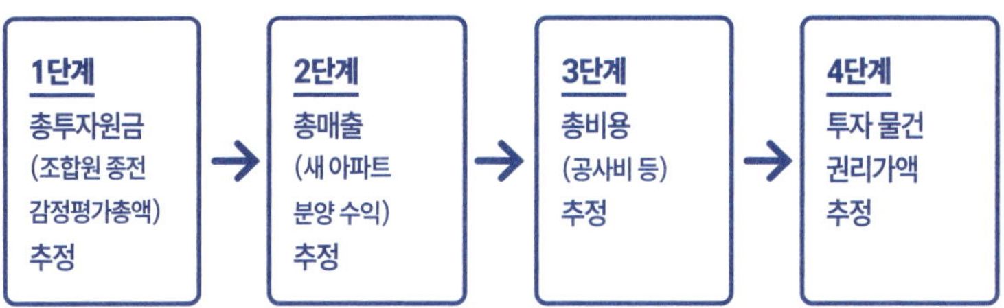

1단계 | 총투자원금(조합원 종전 감정평가총액) 추정하기

투자하려는 구역 안에 있는 모든 집과 땅의 건축물대장, 토지 등기부등본 등을 떼서 소유주를 파악하고 공시가/공시가격을 엑셀로 정리하여 공시가액의 총액을 구합니다.

2단계 | 총매출(새 아파트 분양 수익) 추정하기

용적률 등을 고려하여 총 연면적(건축물의 각 층 바닥 면적을 모두 합한 전체 면적)을 구하고 법적 규정(평형별 의무 규정)에 맞춰 새 아파트 세대수를 추정합니다. 그런 다음 인근 시세를 기준으로 일반분양가와 조합원 분양가(일반분양가의 70~80% 수준)를 추정하여 총분양 수익을 계산합니다.

3단계 | 총비용(공사비 등) 추정하기

연면적당 정비사업비(2025년 기준 평당 1,000만~1,200만 원 정도)를 추정하여 총사업비용을 계산합니다(정비사업비는 공사비를 포함한 포괄적 비용).

4단계 | 투자 물건 권리가액 추정하기

먼저 다음과 같이 추정 비례율을 산정하여 하나의 숫자(비율)를 구합니다.

$$\text{추정 비례율} = \frac{\text{추정 분양 수익} - \text{추정 비용}}{\text{공시가격 총액}}$$

추정 비례율이 나오면 투자하려는 개별 물건의 공시가격에 곱합니다. 이때 분모와 분자를 같은 숫자로 만들면 '비례율 100%'가 되는데, 분모의 값이 증가되는 부분을 추정 감정가로 예상합니다. 사실 이것은 억지로 맞추는 방식이지만, 프리미엄 수준을 대략 가늠할 수 있습니다.

이 추정 감정가를 가지고 조합원 분양가와 비교하면 내가 이 물건을 이 가격으로 사면 프리미엄(P)을 얼마 주고 사는 것인지를 알 수 있게 됩니다. 이러한 사전 계산은 수억 원을 아낄 수 있는 길이므로 투자자는 물론 조합을 운영하려는 실무자들도 반드시 한 현장을 통째로 분석해 보아야 합니다.

06 ‘역세권 장기전세’와 ‘역세권 활성화’, 주민이 제안해야 시작! (ft. 주민 입안 제안 절차 4단계)

‘역세권 장기전세’와 ‘역세권 활성화’ 주민 입안 제안 4단계

‘역세권 장기전세’나 ‘역세권 활성화’는 도시계획 차원에서 역세권을 개발하기 위한 특별한 사업 유형으로, 주로 ‘도시 및 주거환경정비법’ 또는 ‘국토의 계획 및 이용에 관한 법률’에 따른 도시관리계획(정비계획) 입안을 주민이 직접 제안하는 방식으로 시작됩니다.

이 절차는 주민이 직접 나서서 ‘이 지역을 어떻게 개발해 달라’고 공식적인 도시계획 변경을 제안하는 과정입니다. 마치 ‘도시계획 담당자에게 역세권 개발 아이디어를 프레젠테이션하는 것’에 비유할 수 있습니다. 주민 입안 제안 절차는 다음과 같이 총 4단계로 진행됩니다.

1단계 | 제안 준비

사업을 추진하려는 자(토지 등 소유자 등)가 제안 대상지 요건을 확인하고 사업계획(안)을 수립합니다.

2단계 | 입안 제안 및 검토

토지 등 소유자 등의 일정 동의율(❰❰ 서울시 '역세권 활성화' 사업의 경우 토지 면적 기준 일정 비율 등 조례에 따름)을 확보하여 구청장에게 사업계획입안을 제안합니다. 구청장은 제안의 적정성을 검토한 후 서울시(시장)와 사업계획에 대해 협의합니다.

3단계 | 계획 결정 및 고시

시의 도시계획위원회 심의를 거친 후 최종적으로 시장이 도시관리계획(정비계획) 결정 및 고시를 진행합니다.

4단계 | 후속 절차 진행

이후는 일반 정비사업 또는 도시계획사업의 절차(❰❰ 조합설립, 사업시행계획인가 등)를 따릅니다.

● 주요 주민 입안 제안 절차 4단계 총정리

단계	과정	프로젝트 진행	상세 설명
1단계	제안 준비	아이디어 구체화 및 청중 확보	• 사업을 추진하려는 토지 등 소유자 등이 역세권 요건을 확인하고 사업계획(안) 작성
2단계	입안 제안 및 검토	구청장에게 공식 제안 및 협의	• 토지 등 소유자 등의 일정 동의율(조례에 따름)을 확보해 구청장에게 사업계획 입안 제안 • 구청장은 제안의 적정성을 검토한 후 서울시(시장)와 사업계획에 대해 협의
3단계	계획 결정 및 고시	도시계획 심사 통과 및 공식 승인	• 도시계획위원회 심의를 거쳐 최종적으로 시장이 도시관리계획(정비계획)을 결정하고 고시
4단계	후속 절차 진행	본격적으로 진행	• 이후 일반 재개발 정비사업 절차를 따름

07 | '역세권 소규모 재개발', 조합설립부터 시작!

'일반 재개발'보다 빠른 '역세권 소규모 재개발' 사업 프로젝트

'역세권 소규모 재개발' 사업은 '빈집 및 소규모 주택정비에 관한 특례법'에 근거하고 모아타운•도 이 법으로 진행됩니다. 이 사업은 일반 재개발 절차에 있는 정비계획 수립 과정이 생략되어 신속하게 진행되는 것이 특징입니다. 신속통합기획이 빠르게 절차대로 진행된다면 '소규모 정비사업'에 따른 사업은 절차를 생략하여 빠르게 진행됩니다. 마치 '기존 동네 틀은 유지하되, 필요한 부분만 집중적으로 고치는 미니 프로젝트'에 비유할 수 있습니다.

1단계 | 사업시행계획 수립 및 인가

토지 등 소유자의 동의를 거쳐 조합설립부터 시작하고 조합 또는 사업 시행자가 사업시행계획을 수립하여 인가권자(시장 및 군수 등)에게 인가를 신청합니다. '역세권 소규모 재개빌'은 건축, 교통, 환경 등 관련 심의를 통합심의로 진행하여 절차가 간소화됩니다.

• **모아타운**: 서울시가 노후 저층 주거지를 모아주택으로 묶어 아파트 단지처럼 정비하고 편의시설을 확충하는 소규모 주택 정비사업입니다. 모아주택을 블록 단위로 모아 단지를 조성하면 모아타운이 되는데, 신축과 노후 주택이 혼재되어 대규모 재개발이 어려운 지역이 대상입니다. 모아타운은 자치구 공모 또는 주민 제안으로 관리계획을 수립해 지정하고 조합설립인가 → 주민합의체 → 통합심의 → 사업시행인가 → 이주 및 착공 → 준공 및 입주 순으로 진행됩니다.

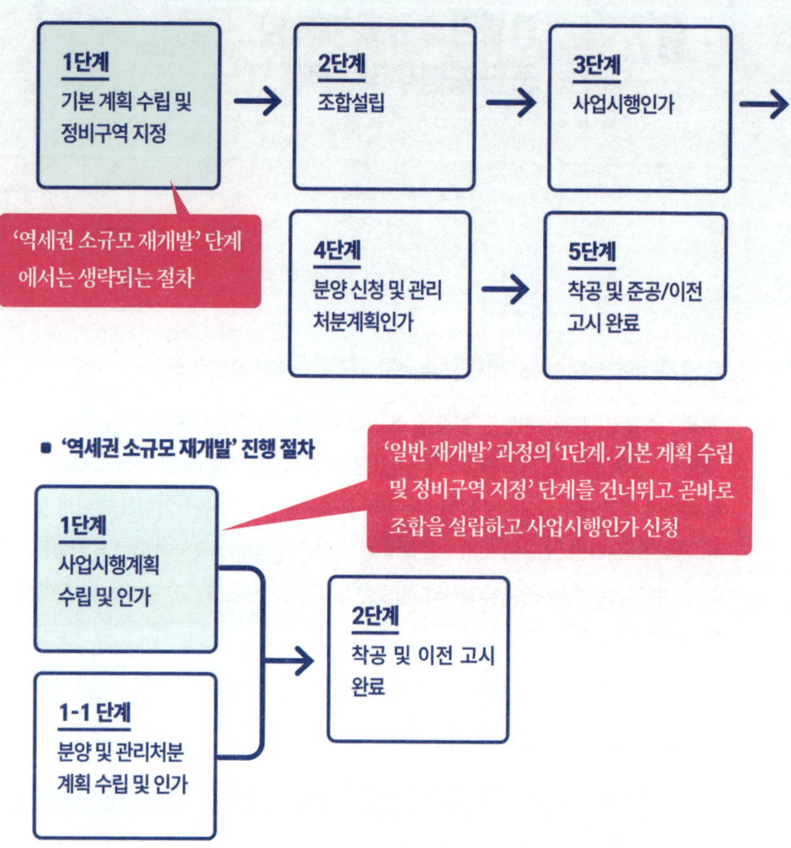

1-1단계 | 분양 및 관리처분계획 수립 및 인가(사업시행인가와 함께 진행)

사업시행계획인가 고시 후 분양 공고 및 신청을 받습니다. 분양 신청을 바탕으로 관리처분계획을 수립하여 인가를 받습니다(관리처분계획에는 종전 자산평가 및 부담금 계획 포함).

2단계 | 착공 및 이전 고시 완료

이후 과정은 일반 재개발 정비사업 절차를 따릅니다. 이주 및 철거, 착공, 준공인가 및 입주 소유권 이전 고시 및 청산을 진행합니다.

소규모 재개발은 '모아타운' 사업 등과 연계되어 추진되기도 하는데, 이 경우 모아타운 관리계획 수립 절차를 선행합니다.

■ '역세권 소규모 재개발' 사업 절차 2단계 총정리

단계	과정	프로젝트 진행	상세 설명
1단계	사업시행계획 수립 및 인가	미니 설계도 작성 및 인가	• 토지 등 소유자의 동의를 얻어 조합을 설립하고 조합 또는 사업 시행자가 곧바로 사업시행계획을 수립하여 인가권자(시장 및 군수 등)에게 인가 신청 • 건축, 교통, 환경 심의를 한 번에 처리하는 '통합심의'를 통해 절차를 간소화하는 것이 핵심
1-1단계	분양 및 관리처분계획 수립 및 인가	신속한 자산 배정 및 정리	• 사업시행계획 후 분양 신청을 받아 종전 자산평가와 부담금 계획을 포함한 관리처분계획을 수립하여 사업시행인가와 함께 인가를 받음
2단계	착공 및 이전 고시 완료	공사 시작 및 마무리	• 이주 및 철거 후 착공, 준공인가, 입주, 소유권 이전 고시 및 청산 절차를 거쳐 사업 완료

**정부와 함께하는 초스피드 도심 주택 공급 프로젝트
물딱지 기준 엄격 – 투자 주의!**

'도심복합사업'은 '공공주도 3080+ 대도시권 주택 공급 획기적 확대 방안'에 따라 제정된 '도심 공공주택 복합사업을 위한 특별법'에 근거한 사업입니다. '(공공)도심복합사업'은 낡은 동네를 새 건물로 바꾸는 초고속 재개발이라고 생각하면 됩니다. 마치 '정부 차원에서 지원하는 특급 건설팀을 초청하는 것'에 비유할 수 있습니다. 이 사업의 핵심은 복잡한 '조합설립' 과정 없이 공공기관이나 전문 민간 기업이 주도하여 사업을 신속하게 추진한다는 점입니다. 일반적인 재개발과 달리 '물딱지' 기준이 좀 더 엄격하여 매매 자체가 안 되므로 해당 지역 토지 등 소유자들의 권리가 상당히 침해된다는 이유로 반대에 부딪히기도 합니다.

주요 주민 입안 제안 절차(서울시 기준)

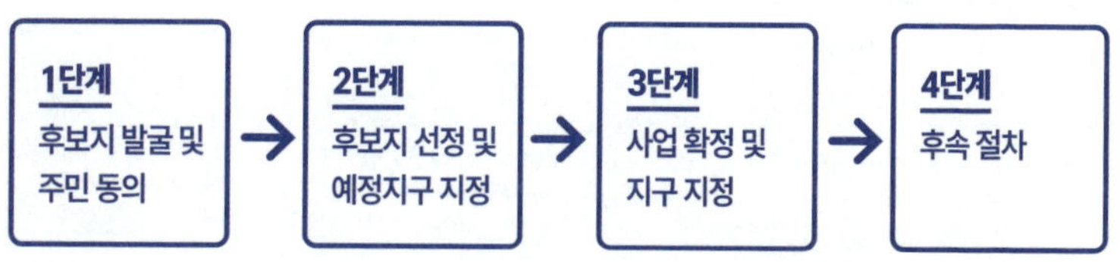

1단계 | 후보지 발굴 및 주민 동의

토지 등 소유자 등이 사업 요건을 갖춘 대상지를 발굴하고 30% 이상의 주민 동의를 얻어 사업계획(안)을 첨부하여 국토교통부장관에게 입지 규제 최소 구역 지정을 제안할 수 있습니다.

2단계 | 후보지 선정 및 예정지구 지정

국토교통부장관 또는 사업 시행자(공공기관)가 제안의 적정성을 검토합니다. 사업의 타당성 조사를 거쳐 예정지구로 지정 및 고시하고 토지 등 소유자의 50% 이상 동의를 추가로 확보해야 합니다.

3단계 | 사업 확정 및 지구 지정

사업 시행자가 사업계획을 수립하고 토지 등 소유자의 3분의 2 이상 동의 및 토지 면적 2분의 1 초과 동의를 확보합니다. 그런 다음 관계 기관 협의 및 통합심의 등을 거쳐 도심복합사업지구로 지정 및 고시됩니다(이때 '통합심의'를 통해 인허가 간소화).

4단계 | 후속 절차

이후는 사업시행계획 승인, 보상, 착공, 준공 등의 절차를 거치면서 현금청산 관련 규정이 적용됩니다.

■ '(공공)도심복합사업' 절차 4단계 총정리

단계	과정	프로젝트 진행	상세 설명
1단계	후보지 발굴 및 주민 동의	특급 건설팀에 우리 동네 추천	• 토지 등 소유자 등이 사업 요건을 갖춘 대상지를 발굴하고 30% 이상의 주민 동의를 얻어 국토교통부장관에게 입지 규제 최소 구역 지정 제안
2단계	후보지 선정 및 예정지구 지정	예비 승인 및 참여 의향 재확인	• 국토교통부장관 등이 제안을 검토하고 타당성 조사를 거쳐 예정지구로 지정 및 고시 • 이후 토지 등 소유자의 50% 이상 동의를 추가로 확보해야 진행 가능
3단계	사업 확정 및 지구 지정	최종 설계 확정 및 공식 착수	• 사업 시행자가 사업계획을 수립하고 토지 등 소유자의 3분의 2 이상 동의 및 토지 면적 2분의 1 초과 동의를 확보하면 관계기관 협의와 통합심의를 통한 인허가 간소화를 거쳐 도심복합사업지구로 지정 및 고시되어 사업 확정
4단계	후속 절차	공사 및 최종 정리	• 사업시행계획 승인, 보상, 착공, 준공 절차를 거치고 동의하지 않은 주민에게는 현금 청산 규정 적용

'(민간)도심복합사업'은 주민의 주도성 강화 (ft. '도심복합사업'의 또 다른 버전)

'(민간)도심복합사업' 8단계 절차 살펴보기

'(민간)도심복합사업'은 '(공공)도심복합사업'과 비교할 때 주민의 주도성을 더욱 강화했습니다. 이 사업은 주민들이 '어디를 바꿀지' 결정하는 단계와 '어떻게 지을지' 결정하는 단계가 추가되었습니다.

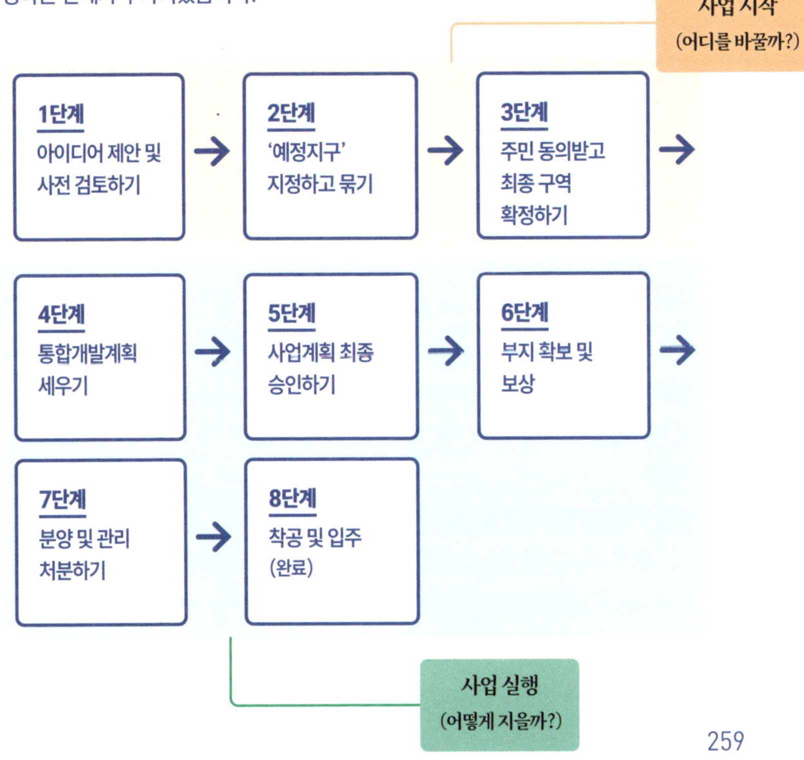

사업 시작 – '어디를 바꿀까?' 결정하는 단계(1~3단계)

1단계 | 아이디어 제안 및 사전 검토하기

동네 주민이나 민간 회사 또는 지자체가 "우리 동네 여기를 이렇게 멋진 주거/상업 복합단지로 만들어요!"라고 아이디어를 제안합니다. 그러면 "이 사업, 괜찮을까요?" 하고 검토받는 단계입니다.

2단계 | '예정지구' 지정하고 묶기

공공기관이 아이디어가 좋다고 판단하면 해당 지역을 '예정지구'로 지정하고 발표합니다. 예정지구로 지정되는 순간, 이 동네에서는 집을 새로 짓거나 땅을 나누는 등의 행위가 제한됩니다(투기 방지 목적).

3단계 | 주민 동의받고 최종 구역 확정하기

이제 사업을 진짜 시작해도 좋은지 주민들에게 물어봅니다. 예정지구 지정 발표 후 토지 소유자 3분의 2 이상과 땅 면적 2분의 1 이상의 동의를 받아야 합니다. 이 동의율을 충족하면 정부(국토부)나 지자체 심의를 거쳐 해당 지역은 도심복합지구로 최종 확정됩니다.

사업 실행 – '어떻게 지을까?' 설계하고 보상하는 단계(4~8단계)

4단계 | 통합개발계획 세우기

사업 시행자(LH, 신탁사, 위탁리츠 등)가 이 동네에 아파트, 상가, 공원 등을 어떻게 배치하고 얼마나 높이 지을지 등 모든 건축 계획을 한 번에 세웁니다. 이 법에서는 여러 위원회(건축위원회, 교통위원회, 도시계획위원회 등)에서 각각 심의받던 것을 '통합심의위원회'에서 한 번에 처리하므로 시간을 크게 절약할 수 있습니다.

5단계 | 사업계획 최종 승인하기

지자체(시장 및 군수 등)에 사업계획을 제출하고 승인을 받습니다. 통합심의를 거쳤으므로 빠르게 승인이 진행되고 승인되면 건물을 지을 수 있는 권한을 얻게 됩니다.

6단계 | 부지 확보 및 보상

건물을 짓기 위해 땅을 확보합니다. 계속 살고 싶은 소유자에게 "새 아파트를 드릴게요." 하고 현물선납약정을 맺고 새집을 받습니다(우선공급). 떠나고 싶은 소유자에게는 "돈으로 드릴게요." 하고 사업 시행자가 현금으로 보상(매도청구)합니다.

7단계 | 분양 및 관리처분하기

사업 시행자가 기존 소유자들에게 어떤 새 아파트를 몇 평 받을지 신청받고 결정하는 '관리처분계획'을 수립하고 승인받습니다. 예 헌 집 10평짜리는 새집 25평짜리 우선 분양 대상

8단계 | 착공 및 입주(완료)

드디어 건물을 짓기 시작하고(착공) 다 지으면(준공) 주민들이 입주합니다.

이와 같이 '도심복합사업'은 일반 정비사업의 긴 시간과 갈등을 최소화하기 위해 '공공/전문기관 주도', '통합심의', '빠른 보상 및 매도청구 절차'를 도입한 것이 가장 큰 특징입니다.

■ '(민간)도심복합사업' 절차 8단계 총정리

단계	과정	구분	상세 설명
1단계	아이디어 제안 및 사전 검토		• 주민들의 아이디어를 수렴하는 과정
2단계	'예정지구' 지정하고 묶기	<사업 시작> 어디를 바꿀까?	• 공공기간이 예정지구로 지정하고 투기 행위를 제한합니다.
3단계	주민 동의받고 최종 구역 확정		• 토지 소유자 3분의 2 이상과 땅 면적 2분의 1 이상의 동의를 받아야 합니다. • 동의율을 충족하면 정부(국토부)나 지자체 심의를 거쳐 도심복합지구로 최종 확정합니다.
4단계	통합개발계획 세우기		• 사업 시행자(LH, 신탁사, 위탁리츠 등)가 일임해 건축계획을 수립하고 시간을 크게 절약합니다.
5단계	사업계획 최종 승인	<사업 실행> 어떻게 지을까?	• 지자체(시장 및 군수 등) 승인을 받고 건물을 지을 수 있는 권한을 획득합니다.
6단계	부지 확보 및 보상		• 땅 소유자는 현물선납 약정을 맺고 새집을 받거나(우선공급) 현금으로 보상합니다(매도청구).
7단계	분양 및 관리 처분		• 사업 시행자가 '관리처분계획'을 수립하고 승인을 받습니다.
8단계	착공 및 입주 (완료)		• 건물을 짓기 시작하고(착공) 다 지으면(준공) 주민들이 입주합니다.

10

투기과열지구 지정 시 재개발 및 재건축 주요 제한 사항 (ft. 10·15 부동산 대책)

서울시 전 지역, 투기과열지구가 되다

2025년 10·15 부동산 대책으로 서울시 전 지역이 투기과열지구가 되었습니다. 이러한 규제는 분명 한동안은 재개발 및 재건축 사업을 추진할 때 장애 요소로 작용할 겁니다. 하지만 공급 부족의 시그널이 더욱 강해질 것이고 이에 따라 재개발 및 재건축의 필요성은 궁극적으로 더욱 높아질 것입니다. 투기과열지구로 지정하면 재개발 및 재건축사업을 진행할 때도 각종 규제가 발생하는데, 이번에는 이것에 대해 알아보겠습니다.

'일반 재개발' 조합원 지위 양도 제한(거래 금지) – 현금청산

투기과열지구로 지정되면 정비사업의 특정 단계 이후부터는 조합원 자격이 있는 부동산을 매매해도 매수인이 조합원 지위를 승계받을 수 없게 됩니다. 이는 해당 물건을 매입하는 것까지 법적으로 막는 것이 아니기에 속사정을 잘 모르고 거래가 되는 경우가 많습니다. 하지만 이것은 아파트 입주권이 아닌 '현금청산 대상'이 될 가능성이 매우 높아진다는 의미입니다.

● 재건축 및 재개발별 조합원 지위 양도 제한 시점

사업 구분	조합원 지위 양도 제한 시점
재건축	'조합설립인가' 지정일 이후
재개발	'관리처분계획인가' 지정일 이후

양도인(파는 사람)이 다음의 불가피한 사유를 입증하는 경우에 한해서는 예외적으로 조합원 지위를 양도할 수 있습니다.

- **세대원 전원이 이전**: 세대원 모두 다른 시/군 등으로 이전하는 경우
- **해외 이주 및 체류**: 세대원 모두 해외로 이주하거나 2년 이상 국내에 거주하지 않을 목적으로 출국하는 경우
- **상속**: 상속으로 취득한 주택으로 세대원 모두 이전하는 경우
- **1세대 1주택자 조건 충족**: 양도인이 1세대 1주택자로서 주택 보유 기간과 거주 기간이 각각 대통령령으로 정하는 일정 기간(예 10년 보유 및 5년 거주)을 충족하는 경우(구체적인 기간 요건은 법령 및 시행령에서 확인 필요)
- **그 외 국가, 지방자치단체에 양도하는 경우 등**

'일반 재개발' 정비사업 분양 재당첨● 금지(5년 제한)

투기과열지구 내 정비사업에서 분양 대상자(조합원 분양 또는 일반분양)로 선정된 자 및 그 세대에 속한 자는 선정일(=조합원 분양은 최초 관리처분계획인가일)로부터 5년 이내에는 다른 투기과열지구의 정비사업에서 조합원 분양 신청이나 일반분양을 신청할 수 없습니다. 하지만 투기과열지구가 아니고 정비사업이 아닌 곳은 상관없습니다.

● 뉴스나 각종 매체에서는 '재당첨'이라는 표현을 쓰고 있지만, 엄밀히 말해서 조합원이 아파트를 배정받는 권리는 청약통장 보유에 따른 청약, 그리고 그에 따른 '당첨'에 의한 것이 아닌 조합원이 가지고 있던 예전 물건(구물건)을 가지고 새 물건으로 바꿔달라는 의사 표현과 법률에서 정한 구물건의 분양 대상 규정에 의해 아파트 배정에 대한 권리가 주어지는 구조입니다. 이것을 '분양 대상자'의 '분양 신청'이라고 부르는데, 이러한 신청 권리가 5년간 사라진다는 의미죠. 엄밀히 말해서 '재당첨'이라는 표현은 맞지 않지만, 통상적으로 사용하므로 이 책에서도 이렇게 표현했습니다.

- **목적**: 한 사람(및 가족)이 여러 투기과열지구 정비사업에서 입주권을 획득하는 것을 방지하여 투기 차단
- **위반 시**: 5년 이내에 다른 투기과열지구 내 정비사업에 분양 신청을 하면 현금청산 대상
- **예외**: 상속, 결혼, 이혼으로 조합원 자격을 취득한 경우에는 예외적으로 분양 신청 가능

'일반 재개발' 투기과열지구에서의 기타 제한 사항
대출과 분양가상한제 적용

투기과열지구에서는 주택담보대출을 받을 경우 담보인정비율(LTV)과 총부채상환비율(DTI) 한도가 더 낮아져서 대출이 어려워집니다. 이것은 현 정책 입안자의 실수로도 볼 수 있습니다. 한쪽에서는 재개발 및 재건축 등의 활성화를 이야기하지만, 또 한쪽에서는 규제책을 내놓았기 때문인데, 앞으로 조정될 가능성이 높다고 생각합니다. 그리고 투기과열지구는 분양가상한제 적용 지역으로 지정될 가능성이 높아져서 일반분양가격이 규제받을 수 있습니다.

투기과열지구의 지정 여부는 정비사업의 투자 가치와 실현 가능성에 매우 큰 영향을 줍니다. 따라서 재개발에 투자하기 전에는 반드시 해당 지역의 규제지역 지정 현황과 정비사업의 진행 단계를 정확하게 확인해야 합니다.

'소규모 정비사업' 투기과열지구 지정 시 제한 사항
'일반 재개발'과 비슷하게 적용, 분양 재당첨 금지(5년 제한) 규정은 적용 ✘

'빈집 및 소규모 주택정비에 관한 특례법(소규모주택정비법)'에 따른 소규모 재개발, 가로주택정비사업, 소규모 재건축이 진행되는 구역이 투기과열지구로 지정되면 일반적인 재개발 및 재건축과 유사하게 투기 수요를 억제하기 위한 강력한 규제가 적용됨

니다. 주요 제한 사항은 조합원 지위 양도 제한이지만, 아직 5년 동안 분양 재당첨 금지 규정은 적용되지 않고 있습니다.

'소규모 정비사업'도 조합원 지위 양도 제한(입주권 거래 제한)

투기과열지구로 지정된 지역에서 '소규모 정비사업'이 진행될 경우 해당 사업장의 특정 시점 이후에 부동산을 매입하면 조합원 지위를 승계받을 수 없습니다. 사실상 입주권 거래가 금지되어 투기 목적의 거래를 차단하는 것입니다. 게다가 제한 시점 이후에 해당 구역의 토지나 건축물을 매입하면 현금청산 대상자가 될 위험이 높아지므로 주의해야 합니다.

가로주택정비사업과 소규모 재개발 사업은 과거에는 제한이 없었지만, 법 개정을 통해 조합설립인가일 이후로 조합원 지위 양도가 제한되도록 규정이 강화되었습니다.

● 재건축 및 재개발별 조합원 지위 양도 제한 시점

사업 구분	조합원 지위 양도 제한 시점
가로주택정비사업	
소규모 재개발	'조합설립인가' 지정일 이후
소규모 재건축	

'소규모 정비사업'에서 조합원 지위 양도 허용 사유(제한적으로 양도 가능)

일반 재개발 및 재건축과 유사하게 불가피한 사유에 해당하거나 특정 조건을 충족하는 경우에 한해서는 예외적으로 조합원 지위를 양도할 수 있습니다.

- **세대원 모두 이전:** 근무상, 생업상의 사정, 질병 치료, 취학, 결혼 등으로 세대원 모두 해당 사업시행 구역이 위치하지 않은 다른 시/군 등으로 이전하는 경우

- **해외 이주 및 체류:** 세대원 모두 해외로 이주하거나 2년 이상 해외에 체류하는 경우
- **상속:** 상속으로 취득한 주택으로 세대원 모두 이전하는 경우
- **1세대 1주택자 조건 충족:** 양도인이 1세대 1주택자로서 주택 보유 기간과 거주 기간이 각각 대통령령으로 정하는 일정 기간(예 10년 보유 및 5년 거주)을 충족하는 경우(구체적인 기간 요건은 법령 및 시행령에서 확인 필요).
- **그 외 불가피한 사정으로 양도하는 경우로서 대통령령으로 정하는 경우**

'소규모 정비사업' 분양 재당첨 금지(5년 제한) 규정은 적용 ✕

일반적인 '도시 및 주거환경정비법(도정법)'에 따른 재개발 및 재건축에서는 5년 재당첨 금지 규정이 적용됩니다. 하지만 소규모주택정비법에 따른 사업(소규모 재개발, 가로주택정비사업, 소규모 재건축)에서는 현재까지는 5년 재당첨 금지 규정이 직접적으로 적용되지 않습니다.

- **도시정비법과의 차이:** 소규모주택정비법에는 도정법의 5년 재당첨 제한(투기과열지구 내 정비사업 분양 대상자로 선정된 경우 선정일로부터 5년간 다른 투기과열지구 내 정비사업에 분양 신청 금지)을 준용한다는 규정이 없습니다.
- **현재 해석:** 국토교통부의 기존 유권 해석에 따르면 소규모주택정비법상의 사업은 5년 재당첨 금지 규정의 적용 대상이 아닌 것으로 해석해 왔습니다.

'소규모 정비사업'에서 주의할 사항

다만 부동산 규제는 정부 정책 및 법령 개정에 따라 언제든지 변경될 수 있고 향후 규제가 도입될 가능성도 배제할 수 없습니다. 결론적으로 '소규모 정비사업'이 투기과열지구로 지정될 경우 조합원 지위 양도 제한이 가장 핵심입니다. 이것은 아직 틈새이기는 하지만, 조합설립인가를 기준일로 조합원 지위권 양도가 금지됩니다.

11 | 재개발 사업 유형별 '기준일' 체크리스트

투기 차단과 권리 확정의 시점

일반 재개발에서 주로 언급되는 '권리산정 기준일'이란 무엇이고 왜 있어야 할까요? 권리산정 기준일은 '도시 및 주거환경정비법' 제77조에 명시된, 주택 등 아파트를 받을 수 있는 권리를 산정하는 기준 시점입니다. 이 기준일이 설정되는 근본적인 논리는 재개발 조합사업의 성격과 관련이 있습니다.

재개발은 조합원들이 공동으로 자본금을 대서 사업을 진행하는 형태입니다. 만약 특정 조합원이 몰래 자본금을 늘리거나(권리 증식) 줄이는(권리 분할) 행위를 용납한다면 다른 조합원들의 이익 비율이 달라지면서 사업의 공정성이 훼손됩니다. 일반적인 주식회사에서 함부로 증자나 감자하는 것을 막는 것처럼 도시정비법도 이 권리가액을 임의로 늘리거나 줄이는 것을 금지하기 위해 기준일을 설정합니다. 따라서 권리산정 기준일 이후에 이루어진 권리 변경 행위(예 신축, 지분 쪼개기, 토지 합병 등)는 아파트를 받을 수 있는 권리로서 인정하지 않겠다고 법에서 엄격하게 선언한 것입니다.

권리 합산 및 분할 행위의 명암 – 언제 가능하고 언제 금지될까?

도시정비법에서는 기준일 이후에 금지되는 행위를 명확하게 열거하고 있습니다. 즉 공유 지분 분할, 토지와 건물의 분할, 다가구의 다세대 전환, 신축을 통한 다세대 분할 등이 포함됩니다.

하지만 투자의 '선수'들은 이러한 금지 규정의 틈을 찾습니다. 법에 딱 명시된 금지 항목이 아니거나, 기준일 이전에 해당 행위가 이루어진 경우라면 권리를 변경할 수 있다는 논리가 성립하기 때문입니다. 예를 들어 기준일이 아직 도래하지 않았다면 80m²의 작은 땅을 가진 사람이 옆 필지 20m²를 사서 100m²로 합치는 행위(합병)를 통해 분양권을 확보할 수 있습니다. 이처럼 권리 변경을 통해 24평 배정 대상자가 34평 배정 대상자로 올라서는 등 배정 평형까지 바꿀 수 있는 것이 이 기준일의 핵심 포인트가 됩니다.

하지만 반대로 만약 누군가가 기준일 이후에 남의 땅을 사들여 권리를 합산하려고 시도했다면 해당 땅의 가치는 권리가액 산정에서 제외됩니다(합산 배제 또는 합산 제외). 즉 기존에 가지고 있던 자산에 대한 권리만 인정되고 새로 합친 부분은 분양 자격에 영향을 주지 못합니다. 다만 이렇게 합산 배제된 자산의 금액은 나중에 별도의 청산 절차를 통해 현금으로 소유주에게 지급됩니다.

사업 유형별 '기준일' 체크리스트

권리산정 기준일은 모든 재개발 사업에 일률적으로 적용되는 것이 아니라 해당 사업이 어떤 법적 근거와 절차를 따르는지에 따라 다르게 적용됩니다.

- **일반 도시정비법 재개발**('역세권 장기전세', '역세권 활성화' 등 포함): 도시정비 기본 계획 수립이나 구역 지정 등 복잡한 경과 조치와 조례 규정을 따릅니다. 이 날짜는 구역별로 다르고 복수의 날짜 중 가장 빠른 시점의 조례가 적용될 수 있습니다. '역세권 장기전세', '역세권 활성화' 등도 이 범주에 들어가서 현재 해당 담당 부처의 성격에 따라 기준일이 명확하지 않은 상황입니다.

- **빈집 및 소규모 주택정비에 관한 특례법**(소규모 재개발 등): 일반 재개발보다 절차가 빠르지만, 투기 방지 시점이 상대적으로 늦어질 수 있습니다. 예를 들어 청파동 '역세권 소규모 재개발' 현장처럼 조합설립인가일이 권리산정 기준일이 되는 경우가 많으므로 조합설립인가일 이후에 권리 변경을 시도하면 묶이거나 청산당할 수 있습니다. 모아타운도 이 범주에 해당되지만, 개별 소규모 재개발 등과 달리 여러 소규모 사업을 묶으면서 관리지역을 지정하는데, 이때가 권리산정 기준일로 통용됩니다.

- **신속통합기획**(신통기획): 서울시가 별도로 투기 방지를 위해 기준일을 고시하는 경우를 따르고 이 기준일 이전의 행위만 인정됩니다.

이와 같이 각 사업마다 기준일이 다르므로 투자자는 해당 사업이 따르는 법규를 정확하게 파악하여 날짜를 추출하는 전문적인 훈련이 필요합니다.

지위 확정의 구분 – 조합원, 분양 대상자, 현금청산자의 운명

재개발 구역 안에 있는 주민의 법적 지위는 사업 단계에 따라 명확하게 구분됩니다.

[1단계] 주민은 일반적인 거주자입니다.

[2단계] 토지 등 소유자는 기본 계획 수립 시점부터 해당 구역 안에 있는 토지나 건물을 소유한 자입니다. 이들은 조합설립 동의율을 계산할 때 분모(전체 인원)를 구성하는 중요한 집단이 됩니다. (참고로 재개발은 '토지 등 소유자', 재건축은 '토지 및 소유자'로 다르게 정의합니다. 재건축은 건물과 부속 토지를 모두 가진 사람만 소유자로 인정됩니다.)

[3단계] 조합원은 토지 등 소유자 중 조합설립에 동의한 사람으로, 동의하지 않은 사람은 '미동의자'가 되어 현금청산 대상이 됩니다. 재개발은 강제가입제도를 통해, 재건축은 임의가입제도를 통해 조합원이 됩니다.

[4단계] 분양 대상자 및 현금청산자의 경우 조합원이 된 후 아파트를 받을 자격이 있는 사람은 '분양 대상자'(다른 말로 '대물청산자'), 아파트를 받을 자격이 없거나 신청을 철회한 사람은 '현금청산자'라고 부릅니다.

현금청산자는 조합원일까?

많은 사람이 현금청산자는 조합원이 아니라고 오해하지만, 법적으로는 그렇지 않습니다. 현금청산자도 조합원 지위를 가집니다. 조합이 해산될 때 자산과 부채를 정리하는 과정을 '청산'이라고 부르는 것처럼 모든 조합원은 결국 청산자입니다. 다만 아파트를 받는 분양 대상자는 물건으로 받는 대물청산자이고 돈으로 받는 사람은 현금청산자인 것입니다.

분양 신청을 하지 않거나 자격이 미달되어 현금청산자가 되어도 조합원 명부에는 남아있다가 일반적으로 분양 신청 기간 만료일 다음 날 조합원 지위를 상실하고 현금청산자로 최종 확정됩니다. 이렇게 지위가 확정되는 시점은 매우 중요합니다. 대법원 판례는 현금청산 관계가 성립되는 시점, 즉 토지 등 권리가액을 평가하는 기준 시점을 '분양 신청 기간 종료일 다음 날'로 보고 있습니다.

● 청산의 종류와 조합원 지위 영향력

지위	조합원 지위 여부	아파트 분양권 (대물청산)	핵심 영향력
토지 등 소유자	미확정 (동의 여부에 따라)	△	동의율 계산의 분모
조합원 (분양 대상자)	○	○ (대물청산자)	사업 진행 및 의사 결정에 참여
현금청산자 (미동의자/자격 미달)	○(청산 시점까지)	× (현금청산금 수령)	사업 반대 시 동의율 확보에 난항 초래

현금청산 시점과 '사전청산'의 의미

현금청산금은 이론적으로는 아파트가 모두 지어진 후, 즉 조합이 해산될 때 지급되는 것이 원칙입니다. 그러나 현금청산 대상자 입장에서는 아파트도 받지 못하는데 수년에서 십수 년 동안 사업 종료를 기다릴 이유가 없습니다. 따라서 현금청산자들은 일반적으로 분양 신청을 철회하고 미동의자로 분류되어 사업 초기에 현금청산을 요구하여 사업구역에서 나가게 됩니다. 이것을 현장에서는 편의상 사전청산 개념으로 이해할 수 있습니다.

이러한 사전청산 절차는 조합이 토지 수용의 진행(또는 매도청구권)을 행사할 때 현금청산 대상 부동산의 매매가격 산정 시점과 연결되므로 사업비 측면에서도 매우 중요한 쟁점이 됩니다.

현장 실전 투자 사례와 법률적 갈등 해부
(ft. 중앙정부 vs. 지방정부 vs. 법원)

현장의 경고등 – 법과 조례, 실무의 충돌 지점

우리나라의 정비사업은 '도시정비법(중앙정부)', '지자체 조례(지방정부)', 그리고 '사법부 판례(법원)'라는 3가지 권력체계가 다층적으로 작동하면서 법적 모순이 발생하기 쉽습니다. 이러한 모순은 현장에서 투자 리스크와 갈등을 증폭시키는 주요 원인으로 작용합니다.

논란 1 | 도시정비법 vs. 서울시 조례의 충돌(물딱지 위험)

도시정비법(도시 및 주거환경정비법, 도정법) 제77조에 의하면 권리산정 기준일 이후의 권리 변경 행위를 엄격히 금지하고 위반할 경우 "너 나가!"라는 입장을 취할 수 있습니다. 반면 서울시 조례 등 일부 지방 조례에서는 투기 목적이 아니거나 사후적으로 쪼개진 경우 "묶어서 아파트 1채는 줄게."라는 식으로 규정을 완화하기도 합니다. 그러나 법률 체계상 도정법(국가 법률)이 조례(지자체 규정)보다 우위에 있어서 조례를 믿고 투자했다가 최종적으로 분양권을 인정받지 못하는 '물딱지'가 될 위험이 있습니다. 이것은 조례의 완화 규정만 믿고 투자하는 것이 얼마나 위험한지를 보여줍니다.

논란 2 | 뉴타운 해제 후 신통기획의 기준일 논란

과거 뉴타운지역으로 지정되었다가 해제된 구역에서 복잡한 기준일 충돌이 발생하기도 합니다. 예를 들어 서울시 구조례(2010년 7월 16일)에서는 2008년 7월 30일을 신축 빌라에 대한 개별 분양 대상 기준일로 삼았는데, 이후 뉴타운지역 해제로 건축이 풀려 신축이 허용되었다고 가정해 보겠습니다. 이 시기에 1채를 허물고 여러 채를 짓는 행위가 빈번하게 일어났습니다.

이후 이 지역이 신통기획으로 다시 추진되면서 새로운 권리산정 기준일이 발표되었어도 더 오래된 지구단위계획이나 기본 계획에 의한 구조례 기준이 여전히 살아있으면 신통기획 기준일 이전에 지어진 여러 채의 건물은 조례에 따라 아파트를 받지 못하는(정확히는 여러 명이 합산되어 하나의 분양 대상으로 묶이는) 상황이 발생합니다. 이러한 토지 등 소유자의 물건이 분모에 포함되어 조합설립에 반대하면 조합은 동의율을 확보하지 못하고 사업 자체가 좌초될 위기에 처합니다.

논란 3 | 등기 vs. 대장, 원인일 vs. 접수일의 싸움

아파트 분양 자격은 원칙적으로 물건의 물리적 현황을 관리하는 구청의 건축물대장을 기준으로 정합니다. 그러나 공유 지분처럼 소유권에 대한 세부 사항을 따져야 할 때는 법원의 대리 기관인 등기소에서 관리하는 등기부등본을 보아야 합니다. 이때 시점 문제도 복잡해집니다. 상속이나 증여할 경우 관청(구청이나 부동산원)은 행정 편의상 접수일을 기준으로 관리처분을 짜는 경우가 많습니다. 그러나 우리나라 민법은 원인일(사망일, 증여 계약일 등)을 원칙으로 하고 실제 행정 소송이 발생하면 법원은 민법상의 원인일을 우선하여 판결을 뒤집는 경우가 많습니다. 따라서 투자자는 행정기관의 처리 방식(접수일)이 아니라 사법적 리스크(원인일)를 항상 염두에 두어야 합니다.

'등기와 대장 중 어떤 것을 기준일로 할 것이냐'를 넘어 대장을 기준으로 한다고 해도 다양하게 해석할 수 있습니다. 예를 들어 모아타운과 '역세권 장기전세', '역세권 활성화' 사업의 경우 착공계 신고일, 사용 승인일, 등기 완성일 등 부서마다 기준일을 다르게 이야기하면서 현실적으로 기준일이 아직 통일되지 않고 명확하지 않아 정리가 필요한 시점으로 보입니다.

앞에서 설명한 것처럼 아파트를 받지 못하는 현금청산 대상자들이 동의율의 발목을 잡는 경우가 많습니다. 이때 일부 조합장들은 사업을 빨리 추진하기 위해 법적 근거가 없는 '상생협약'을 맺어 "동의만 해 준다면 아파트를 받을 수 있도록 노력하겠다."고 약속하는 일도 벌어지곤 합니다. 그러나 법에서 아파트를 줄 수 없다고 규정했다면 조합장이 아무리 약속해도 법적 효력이 없습니다. '보류지분'을 총회 의결로 배정해 주는 정도가 답일지도 모릅니다. 결국 이러한 상생협약은 향후 더 큰 분쟁과 소송을 유발할 수 있습니다.

'서울 아파트'라는 사다리가 사라진 이유, 당신 월급은 '가치 희석'이 진행 중이다

월급을 꼬박 모아 서울에 집을 산다는 이야기, 이제는 '전설 속의 고전'이 되어버렸습니다. 게으름 때문이라고 반성할 이유는 없어 보입니다. 그런 비난은 문제의 본질을 호도하는 '감정적 선동'일 뿐입니다.

우리가 처한 현실은 '절약의 미덕'으로 극복할 수 있는 수준을 이미 넘어섰습니다. 당신이 받는 월급이 종잣돈이 되기를 기다리는 동안, 서울 아파트값은 당신의 저축 속도와는 비교도 안 될 만큼 빠른 속도로 달아나고 있습니다. 왜 이런 불공정한 레이스가 펼쳐지는 걸까요?

아파트 가격이 오른다는 것은 '아파트의 가치가 10배 상승했다'는 착각에서 비롯됩니다. 본질은 현금, 즉 '돈의 값어치'가 10

분의 1로 쪼그라들었다는 비극이 시작되었다는 것입니다. 이러한 돈의 구조를 좀 더 재미있고 피부에 와닿는 비유를 통해 풀어보겠습니다.

'달리는 트랙' 위의 두 선수, 월급과 아파트

당신이 서울 아파트를 목표로 하는 마라톤 경주에 참가했다고 가정해 봅시다.

1 | 월급

당신은 성실하고 꾸준한 주자입니다. 그리고 매년 땀 흘려 열심히 달립니다. 당신의 연봉은 매년 3~5%씩 꾸준히 오릅니다. 이것이 바로 당신의 '달리는 속도'입니다.

2 | 아파트(목표 지점)

아파트는 당신을 기다려주는 '고정된 결승선'이 아닙니다. 이 결승선 자체가 'GTX'를 타고 도망가는 중입니다. 매년 유동성의 파도와 인플레이션을 등에 업고 10%, 때로는 20%씩 당신에게서 멀어지고 있습니다.

결과

당신이 100m를 달릴 때 아파트는 1,000m를 달아나버립니다.

당신이 잠시 멈춰 숨을 고르는 순간(소비나 주식 하락) 아파트는 이미 저 멀리 보이지 않는 지평선 너머로 쉬지도 않고 사라져버립니다. 아무리 성실하게, 한 푼도 쓰지 않고 달려도 당신의 월급봉투는 달아나는 아파트에 비해 '발이 느린 선수'일 수밖에 없습니다.

이것이 바로 '월급을 모아' 인플레를 이길 수 없는 냉혹한 현실입니다. 열심히 저축할수록 당신이 쥐고 있는 현금의 구매력만 갉아 먹히는 '현금 가치 하락의 덫'에 빠지게 되는 것입니다.

'조개화폐'의 비극과 현대금융시스템

우리는 돈을 '가치를 보존하는 그릇'이라고 믿습니다. 하지만 중앙은행이 통제하는 현대금융시스템에서 돈은 그 기능을 상실했습니다.

아주 먼 옛날, 어떤 섬에서 '조개'를 화폐로 사용했다고 가정해 봅시다. 이 조개는 희귀해서 가치를 인정받았고 조개 100개면 섬 최고의 집을 살 수 있었습니다. 그런데 어느 날, 섬의 '중앙조개발행국(중앙은행)'이 몰래 바닷속에 들어가 대량으로 '조개양식'을 하기 시작합니다. 혹은 '이 조개는 사실 더 큰 조개와 같은 가치야!'라며 새로운 조개를 무한정 찍어냅니다(양적 완화).

1 | 월급

여전히 당신은 하루 종일 땀 흘려 일하고 조개 1개를 받습니다. 당신의 '노동'은 변하지 않았습니다.

2 | 아파트(목표 지점)

집은 여전히 그 자리에서 똑같은 기능을 합니다.

3 | 발생한 일

이제 섬 최고의 집을 사려면 조개 100개가 아니라 1,000개가 필요해졌습니다.

집의 가치가 10배 오른 것이 아이라 조개의 가치가 10분의 1로 '희석'된 것입니다.

지금 아파트 가격이 오르는 게 아니라 현금의 값어치가 떨어지고 있다는 개념을 이해해야 합니다. 아파트는 단지 '희석된 현금'의 가치를 담아내는 '실물 자산의 그릇'으로서의 역할만 충실히 수행했을 뿐입니다.

'예언서'가 아닌 '지도'를 펼쳐야 할 때

결국 월급을 모아서 집을 살 수 없는 이유는 '돈을 모으는 속도 < 돈의 가치가 희석되는 속도'라는 부등식이 성립하기 때문입니다.

2008년 이후 중앙은행들이 깨뜨린 '경기 순환의 오랜 약속'은 이 게임의 룰을 완전히 바꾸어 놓았습니다. 이제는 예측할 수 있는 주글라(순환 국면이 주기적으로 확대와 수축을 반복하는 현상)파동 대신, '유동성 팽창'이라는 거대한 지진 위에서 투자의 방향을 설정해야 합니다.

과거 필자가 저술한 《하이퍼인플레의 역습》이 실물 자산의 중요성을 경고하는 '예언서'였다면 이제는 이 거대한 유동성 파도 속에서 '가장 안전하고 빠르게 갈아탈 수 있는 배'의 정박지를 찾는 '지도'가 필요합니다.

우리는 현금을 쥐고 있어야 할지, 아니면 가치가 상승할 곳으로 갈아타야 할지를 판단할 수 있는 시야를 넓히는 데 매진해야 합니다. 이 책이 바로 그 '서울시 재개발 황금지도'가 될 것입니다. 일반적인 뉴스 논리나 감정적인 판단을 버리고 이 거대한 파도에 어떤 의도와 꿍꿍이가 숨어있는지, 그리고 이 파도를 어떻게 잘 타야 하는지 함께 고민해 봅시다. 그 해답은 바로 '역세권 재개발'에 있습니다.

전영진

〈 재개발연구회 〉 정회원 가입 안내

〈재개발연구회〉는 2003년 오프라인 교육을 시작으로 현장탐방 교육과 온라인 교육을 함께 진행하고 있습니다. 우리 동네 재개발을 직접 추진해 보고 싶은데 어떻게 해야 할지 모르겠다면 정회원(연간)이 되어 구체적인 방법을 배워보세요. 단순한 시세 차익 투자가 아니라 주도적 참여자가 되어 재개발의 본질을 자세히 배울 수 있습니다.

회원 특전 ❶ 현장탐방 1년간 무제한 참여

〈재개발연구회〉에서는 매월 마지막 주 토요일 오전 11시에 재개발 현장을 직접 발로 찾아다니면서 새롭게 얻은 정보를 회원들과 공유하고 있습니다. 현장을 탐방하기 전에는 사전 세미나를 통해 미리 지식을 쌓아두고 현장을 가게 됩니다.

회원 특전 ❷ 현장탐방 세미나 참여 및 VOD 다시 보기

〈재개발연구회〉는 매월 초 실시간 라이브 현장탐방 리마인드 세미나를 진행합니다. 시간이 맞지 않은 분들을 위해 리마인드 학습 세미나를 개최하여 영상으로 담아가고 있습니다. 이미 여러 현장의 이야기가 VOD로 담겨져 있어 복습할 수 있습니다.

<재개발연구회> 홈페이지(www.gurupin.net)에서 '정회원참여안내'를 누르면 자세한 내용을 확인할 수 있습니다.